AF473448

Talma

C'est un droit d'ancienneté. L'on peut juger de la valeur des dits rôles par le refus que les grandes actrices en font, actrices qui ont des secours dont je ne me suis jamais servi. Dans le nombre est celui de *Salomé*. La piesce est sy supérieurement jouée qu'elle n'a pas besoin du secours de talens que l'on a pas jugé dignes d'*Idamé*, et dont on doutait pour la reprise de *Sémiramis*. Un remord, ou un mouvement d'amitié a engagé à m'en faire l'aveu. J'ay seu dans ce moment plus que je ne voulois, et ma plus vive douleur fut la preuve que je relevois de votre injustice. L'aveu en fut public. Qu'ai-je fait, Monsieur, pour vous déplaire, et se peut-il que M. D'Argental, passant sa vie au spectacle, fait pour le juger par ses lumières, pour le protéger par son crédit, puisse se laisser séduire pour nuire à quelqu'un de recommandable par sa façon de penser, par ses talens, et surtout par son attachement pour lui et son sublime amy. Je frémis, Monsieur, en lisant dans votre billet des assurances d'amitié. Vous me privés des rôles qui pourroient m'aider à cultiver mes talens, et vous insistés, pour m'en faire jouer un misérable? Vous avez donc, malgré vos injustices, conservé une grande idée de mon cœur et de mon attachement pour vous et pour M. de Voltaire? Je puis aujourd'hui me soustraire à toute tirannie : je touche au moment où les honnestes gens, toujours malheureux dans notre infâme tripot, sont prêts à secouer le joug [1] ; mais je me plais à faire bien. Je me suis déclaré ne vouloir point jouer sa *Rome*, ny beaucoup d'autres. Sy je me rendois pour celui-là, l'on me tourmenteroit pour les autres, et je ne veux pas me mettre dans ce cas. Mes complaisances jusqu'ici m'ont couté trop cher. Obtenez moy, Monsieur, un ordre par lequel mes supérieurs approuve que je remette à mes camarades quelques rôles qui me déplaisent. Je jouerai sa *Rome*, et quelques autres rôles, bons ou mauvais qu'il soient, si M. de Voltaire en est l'auteur, malgré tous mes ressentiments. Je ne puis mieux luy prouver, ainsy qu'à vous, le sincère attachement avec lequel j'ay l'honneur d'estre,

Monsieur,
Votre très humble, très obéissante servante.

DUMESNIL.

Ce 26 aoust.

MÉHUL.

Lettre autog. sign. adressée à Gustave Dugazon, un de ses élèves du Conservatoire. Elle n'a pas de date, mais elle est de 1805. Parmi les épîtres déjà connues du célèbre chef de l'école musicale française, on peut regarder celle-ci comme une des plus caractéristiques. Disciple et continuateur de Gluck, il se retrouve, à la fin de sa carrière, en face de ces mêmes *Piccinistes* qui se sont constamment recrutés, et dont il supporte à lui seul tout l'effort. On voit qu'il lutte avec courage, mais que son âme est indignée des insolents triomphes du parti le plus fort.

J'ai été extrêmement touché, mon cher Gustave, des expressions vives de votre attachement pour moi. Si j'ai joui quelquefois du plaisir de vous être utile, je jouis maintenant du bonheur d'avoir acquis des amis dans mes élèves. Vous désirez mon retour et vous me le faites désirer. Je vis pourtant ici dans une tranquillité que je ne trouverai point à Paris. N'importe : avant huit jours, je reverrai la capitale. Si, comme je ne puis en douter, je retrouve les intrigues et les basses tracasseries qui m'affligeaient avant mon départ, je m'en consolerai au milieu de vous, je chercherai à les oublier en pensant à nos travaux, et en vous formant pour porter les

[1] Mlle Dumesnil prit sa retraite le 7 avril 1776 ; t mourut en 1803.

L'amateur d'autographes 1er février 1864 N° 51

derniers coups au mauvais goût, et terminer une guerre qui devient de jour en jour plus scandaleuse par les succès que la médiocrité obtient à la tête des sots. De pareils triomphes ne peuvent être durables ; le flambeau de la vérité n'a que des éclipses passagères, et quand l'épais nuage qui le couvre en ce moment sera dissipé, la troupe ou plutôt le troupeau qui vomit contre nous les injures et la calomnie rentrera dans le néant. Alors, mon ami, je serai vieux et usé ; mais vous serez dans la force de l'âge et du génie, et en marchant dans la route qui aura été aplanie par nos efforts, vous n'oublierez pas vos devanciers. Vous les aimerez, vous les honorerez, et vous entourerez leur vieillesse de vos lauriers. Cette idée me ranime et me rendra assez de courage pour reprendre la plume et braver les orages que mes ennemis ont accumulés contre moi.

Je vous sais bon gré de regretter Chérubini ; c'est sans contredit le premier compositeur de France. Il est très-fâcheux qu'il nous quitte dans la lutte actuelle ; mais il ne s'éloigne que momentanément, et il nous rapportera les deux ouvrages qu'il va composer à Vienne [1]. Il me marque que je dois faire le même voyage à son retour ; mais je ne me déciderai à ce parti qu'autant qu'il ne sera plus possible de travailler ici. Adieu, bon Gustave. Je vous ai ouvert mon cœur, et je compte sur votre discrétion comme sur votre amitié. Cette lettre n'est que pour vous.

Je vous embrasse.

MÉHUL.

TALMA.

Lettre aut. sig. au duc de Duras, premier gentilhomme de la chambre du roi, et ayant dans ses attributions la direction des théâtres. Cette très-curieuse lettre est du mois de mars 1817, et se rattache à des démêlés fort vifs qui eurent lieu entre Talma et le Théâtre-Français dès le commencement de la Restauration. On trouve dans le catalogue tout un dossier de pièces sur cette affaire.

Monseigneur,

C'est un besoin véritable pour moi, de vous exprimer combien j'ai été touché de la lettre que vous m'avez fait l'honneur de m'adresser. L'extrême bienveillance et la bonté qui y respirent, m'enhardissent à entrer dans quelques détails avec vous. Aucun motif qui pourrait exciter mes regrets ne m'a engagé à vous faire la demande de ma retraite ; le besoin de me délivrer des inquiétudes dont je suis tourmenté, m'a seul porté à cette démarche. Les années s'écoulent et il ne me reste que le temps nécessaire pour m'assurer des jours tranquilles. Par une complication assez bizarre de mes affaires privées, telle circonstance peut survenir qui mettrait tout ce que je possède dans la dépendance d'un étranger, sans le consentement duquel il ne me serait pas permis d'en disposer. Je désire m'affranchir d'un pareil esclavage, où je me suis exposé par un excès de délicatesse, au moins pour cette portion de mon avoir, si je ne le puis pour le reste. Je vous dirai de plus, Monseigneur, que dans le cours de ma carrière, écoutant trop peut-être la bonté de mon cœur, je me suis constitué volontairement le soutien de ma famille entière. Six neveux que j'ai élevés ou que j'élève encore, d'autres charges aussi fortes, et dont il est inutile

[1] A l'époque de la Révolution, Chérubini avait abandonné le genre italien pour se rapprocher de la manière allemande, dont Méhul était en France le représentant le plus accentué. Devenu, pour cette raison, populaire en Allemagne, il passa à Vienne en 1805, et y donna *Faniska*, une des pièces auxquelles Méhul fait allusion. L'autre est sans doute *Pygmalion*, représentée au théâtre des Tuileries, en 1809.

de vous donner les détails, me contraignent à des dépenses excessives. Lorsque je m'imposai de tels fardeaux, ma situation me le permettait, et je pouvais négliger l'avenir. Je ne porte nullement mes regrets sur le passé, et sans dissimuler la reconnaissance que je dois à celui qui m'avait donné le moyen d'être utile à ma famille, qui m'avait dispensé de songer par moi-même à un avenir, qu'il m'avait assuré, je puis vous dire, Monseigneur, avec la même sincérité, que l'accueil bienveillant de la famille royale, les bontés de Sa Majesté m'ont fait éprouver un sentiment profond de reconnaissance, bien moins dicté par le devoir que par le penchant de mon cœur. J'espère, Monseigneur, que vous ne suspecterez point ma franchise à cet égard. Ne dois-je pas être heureux de pouvoir offrir les dernières années de ma carrière à ceux sous les yeux et les auspices desquels je l'ai commencée. Votre grand-père, Monseigneur, a été pour ainsi dire ma providence, et sa mémoire me sera chère à jamais.

Les deux points essentiels qui font l'objet de ma sollicitude, sont donc de mettre mes fonds hors d'une atteinte étrangère et d'un danger à venir, et de pouvoir jouir cette année d'un congé tel que je puisse remplir un vide considérable dans mes affaires, résultat de mes nombreuses charges, et qui ont presque toujours rendu mes émoluments au théâtre insuffisants pour mes dépenses. Ces deux difficultés levées, la continuation de mon service au Théâtre-Français serait parfaitement conforme à mes désirs, à mon intérêt, comme je crois, à celui de la Comédie Française; l'article de la reddition de mes fonds est le plus délicat et le plus difficile à arranger; l'autre est une faveur qui ne dépend que de votre volonté. Comme le sociétaire ne peut être remboursé de ses fonds qu'à sa retraite, j'avois proposé à quelques personnes du comité, pour conserver les formes, de me retirer comme sociétaire, et qu'on m'admît, après un intervalle convenu, comme pensionnaire. Je n'exigeois, dans ce cas, que des appointements égaux à la part telle qu'elle se trouverait. Si la comédie peut avoir des pensionnaires à 3.000 fr., elle peut en avoir à vingt. Il y a même un article dans les règlements qui la favorise à cet égard. Je ne voyois aucune difficulté à cela. Cet arrangement a semblé ne pas convenir. J'avois aussi fait la proposition, si mes fonds m'étoient rendus en restant sociétaire d'en payer l'intérêt, comme s'ils n'étoient point retirés, afin qu'il n'y eût, pour la société, aucune perte à supporter. J'aurois de plus continué à fournir mon contingent de retenue, par chaque année que je serois resté au théâtre. Plusieurs personnes qui sont attachées aux vrais intérêts de la Comédie m'ont assuré que cela pouvait se faire sans qu'il en résultât de grands inconvénients. De plus, la société gagnoit à cela six mille francs de pension, qu'elle ne me donnoit pas, tant qu'elle me retenoit dans son sein, et elle avoit en outre l'avantage de conserver un sujet qui pouvoit peut-être encore lui être utile pendant plusieurs années, non-seulement dans son emploi, mais dans un autre qui tôt ou tard viendra à vaquer. Mais, Monseigneur, vous le savez, souvent au théâtre plus qu'ailleurs, les amours-propres, les petits intérêts particuliers aveuglent sur les intérêts réels de la société et sur celui de l'art. Tout ce qui a l'air exception effarouche tout le monde. Ceux qui ont le malheur de ne pouvoir atteindre à un degré supérieur, surtout, crient beaucoup pour l'égalité. Je ne me permets pas ces observations sans quelque sujet. Au reste, toutes ces choses tiennent à la nature de l'homme et surtout à celle de l'acteur; je ne m'en offense point et je n'en suis pas moins sincèrement attaché à ma société. Je suis bien loin, Monseigneur, de me priser plus que je ne vaux, mais enfin je ne puis pas, sans affecter une fausse modestie, ne pas sentir que je suis encore dans toute ma force, et que je puis, pendant longtemps encore, contribuer à la prospérité du théâtre et au succès de l'art dramatique.

Mille pardons, Monseigneur, si j'ai pu abuser ainsi de vos moments; mais n'attribuez mon indiscrétion qu'à l'indulgente obligeance et aux témoignages d'intérêt particulier dont vous m'honorez dans votre lettre. Je désire de tout mon cœur que tout ceci s'arrange. Votre influence, Monseigneur, peut contribuer à lever beaucoup de difficultés. Ma reconnaissance pour ce que vous pourrez faire pour moi dans cette circonstance sera sans bornes.

Je ne puis finir ma lettre, Monseigneur, sans vous remercier du fond de mon cœur de l'intention où vous êtes de mettre celle que j'ai eu l'honneur de vous écrire, sous les yeux de Sa Majesté. Je n'aurois pas osé l'espérer. Vous daignez me l'offrir de votre propre mouvement; je n'ai point de paroles pour vous exprimer toute ma sensibilité pour cet excès d'obligeance et de bonté.

Daignez recevoir, je vous prie, l'hommage des sentiments de respect et d'attachement que je vous ai voués, et avec lesquels je serai toute ma vie,

Monseigneur,
Votre très-humble et très-obéissant serviteur,

FRANÇ. TALMA.

MANUEL DE L'AMATEUR D'AUTOGRAPHES

(CHAR.)

CHARLES II, roi d'Angleterre, fils du précédent, n. le 29 mai 1630, m. le 6 fév. 1685.

1. — L. a. s. à Louis XIV; Londres, 27 mai 1667, cachets. — (N° 72, *Gottlieb W^ms*, 1839.)

2. — L. a. s. au card. Mazarin; Londres, 27 sept. 1660, 2 p. in-4, cachet. — 30 fr. 50. (N° 110, *Lalande*, 1844.)

Protestations d'amitié.

3. — L. a. s. au même; Londres, 2 juill. 1660, 2 p. in-4. — 30 fr. (N° 121, *Charon*, 1845.)

Il l'assure de son amitié et s'excuse, sur les circonstances, de ce qu'il a été obligé de faire, contrairement aux vœux du cardinal. Il envoie le comte de Saint-Albans à la reine-mère pour l'instruire de toutes les particularités.

4. — L. a. s. au card. Azzolin; Londres, 7 oct. 1660, 3 p. pl. in-4, cachets et soies. — 30 fr. 50. (N° 129, *Charavay*, 1846.)

« Je vous prie, dit-il, de faire connoître au Pape la passion très-forte avec laquelle je souhaite qu'il aye la bonté d'honorer M. d'Aubigny du chapeau de cardinal... »

5. — L. a. s. à Louis XIV; Londres, 11 avril 1670. — 36 fr. (N° 130, *Charon*, 1846.)

Recommandation en faveur du prince de Ligny.

6. — L. aut. à sa sœur; Whitehall, 13 juill., 3 p. in-4. — 31 fr. (*Même catalogue.*)

Lettre affectueuse et politique. — Il désire que le bill des subsides puisse passer à la chambre le lendemain, afin de payer ses dettes. Il l'entretient des accusations dont le chancelier est l'objet, et lui donne des nouvelles de la reine.

7. — L. a. s. à la duchesse-régente de Savoie, sa sœur; Londres, 20 déc. 1677, 1 p. in-4, cachets et soies. — 33 fr. 50. (N° 134, *Laroche-Lacarelle*, 1847.)

Lettre de créance pour son ambassadeur auprès du duc de Savoie.

8. — L. a. s. au card. Mazarin; Londres, 2 janv. 1661, 2 p. in-4, cachets et soies. — 41 fr. (N° 176. *Trémont*, 1852.)

Il est si persuadé de la sincérité de son amitié, que rienne saurait lui être plus agréable que

CATALOGUE

DES LIVRES

DE LA BIBLIOTHÈQUE

DE FEU M. FRANÇOIS-JOSEPH TALMA,

ARTISTE SOCIÉTAIRE DU THÉATRE FRANÇAIS,

Dont la Vente se fera, en sa maison, rue de la Tour-des-Dames, Chaussée-d'Antin, n° 9;

Le mardi 17 avril 1827, et jours suivans, à onze heures du matin.

Les Adjudications seront faites par Me DAVID, Commissaire-Priseur, rue des Quatre-Vents, n° 13;

Et par Me GIBÉ, Commissaire-Priseur, rue de Grenelle-Saint-Honoré, n° 29.

Se distribue, A PARIS,

CHEZ NÈVE, LIBRAIRE DE LA COUR DE CASSATION, Palais de Justice, n° 9.

1827.

ORDRE DES VACATIONS.

1re vacation, le mardi 17 *avril* 1827.

Théologie . . . . . Jurisprudence. .	1	à	14
Sciences et Arts. .	51	à	62
Belles-Lettres. . .	102	à	125
Histoire.	283	à	314

2e vacation, le mercredi 18.

Sciences et Arts. .	15	à	26
Histoire.	315	à	324
Belles-Lettres. . . .	142	à	160
Histoire.	442	à	476

3e vacation, le jeudi 19.

Sciences et Arts . .	27	à	39
Belles-Lettres. . . .	126	à	141
Histoire.	325	à	374

4e vacation, le vendredi 20.

Belles-Lettres. . . .	161	à	174
Histoire.	497	à	507
Sciences et Arts. .	40	à	50
Belles-Lettres. . .	269	à	272
Histoire.	375	à	412

5e vacation, le samedi 21.

Histoire.	413	à	441
Belles-Lettres. . .	175	à	206
Sciences et Arts. .	63	à	72
Histoire.	477	à	479

6e vacation, le lundi 23.

Histoire.	480	à	496
Belles-Lettres. . .	207	à	239
Sciences et Arts. .	73	à	87
Histoire.	273	à	282

7e vacation, le mardi 24.

Belles-Lettres. . .	240	à	255
Sciences et Arts. .	88	à	101
Histoire.	508	à	559

8e vacation, le mercredi 25.

Histoire.	560	à	577
Belles-Lettres. . .	256	à	268
Histoire.	578	à	623

Il y aura, chaque jour de vente, exposition de dix heures à midi; les livres seront vendus pour complets et sans défauts, s'il n'y a point de déclaration contraire lors de la mise sur table. On pourra les collationner sur place dans les vingt-quatre heures de l'adjudication; mais, ce délai passé, les livres vendus, une fois sortis de la Salle de vente, on ne sera admis à aucun *rapport*, pour quelque cause que ce soit.

Les articles au-dessous de 12 francs ne seront repris pour aucun défaut, à moins qu'ils ne soient incomplets.

Nota. Le Libraire chargé de la vente recevra les commissions qui lui seront adressées.

TABLE DES MATIÈRES.

FIN DE LA TABLE DES MATIÈRES.

CALIXA.

M.r Talma.

Muneret pinx. Fremy del. et Sculp.

Rouen le 23 avril 1826.

Mon cher ami

Je n'ai pu répondre à ta lettre si bonne et si amicale que tu m'as adressée au havre, parce que d'abord j'ai été quinze jours sans pouvoir écrire une seule ligne, et que je le puis à peine encore, parce que tout ce qui rappelle mes idées sur l'être chéri que j'ai perdu, me jette dans un profond désespoir, ensuite ton adresse n'était pas sur ta lettre et ce n'est que par hazard que je l'ai retrouvée, en fouillant mon portefeuille dans la lettre que j'ai reçue de toi à mon départ de paris,

je te remercie bien cordialement du vif intérêt que tu prends à mon affliction et des marques d'amitié que tu me donnes dans ta lettre. je ne veux point, mon ami, m'appesantir sur l'objet qui ne cesse de faire couler mes larmes, toucher ma plaie, c'est la rendre plus saignante et plus douloureuse ! je ne t'écris que pour te remercier des consolations que m'offre ton amitié. je ne pourrai guère assister à votre dîner prochain à moins qu'il ne soit remis à une époque un peu plus reculée. d'ailleurs je ne serai pas à Paris avant le 5 ou le 6 de mai. adieu, mon cher ami, Caroline joint ses remercîmens aux miens pour ta bonne et touchante attention, nous t'embrassons de tout notre cœur.

Talma

Je pars demain pour Caen. J.

Lettre à Mr Bis.

CATALOGUE
DES LIVRES
DE LA BIBLIOTHÉQUE
DE FEU M. J.-F. TALMA.

THÉOLOGIE, JURISPRUDENCE.

1. L'Histoire du Vieux et du Nouveau Testament, avec des explications, par Le Maistre de Sacy. *Paris*, 1802, *in*-12. *bas.*

2. La Sainte Bible, avec des parallèles et des sommaires, par D. Martin. *Basle*, 1772, *in*-8. *bas.*

3. Dictionnaire historique, critique et chronologique de la Bible, par dom A. Calmet. *Paris*, 1730, 4 *vol. in-fol. fig. v. m. f. Gr. Pap.*

4. Horæ divinæ Virginis Mariæ, secundum usum Romanum. *Paris*, *Germain Hardouin*, *sans date*, *in*-8. *maroq. r.*
Impr. sur vélin, avec ornemens et 32 miniatures.

5. La Cité de Dieu (trad. par Lombert), et les six livres de saint Augustin contre l'empereur Julien. *Paris*, 1736, 6 *vol. in*-12. *v. m.*

6. Génie du Christianisme, par M. de Châteaubriand. *Paris*, *Herhan*, 1807, 2 *v. in*-12. *dem. rel.*

7. Petit Carême de Massillon. Oraisons funèbres de Bossuet et de Fléchier. *Paris*, 1803, *édit. stéréot.* 4 *vol. in*-18. *v. r. f.*

8. Rituel des Tatars-Mantchoux, par Langlès. *Paris*, 1804, *in*-4. *cart.*

---

9. Disputatio de errore qui videtur admissus in ipso principio architecturæ novorum codicum apud populos, à A. S. Talma. *Groningæ*, 1822, *in*-8. *br.*

10. Abrégé des Causes célèbres et intéressantes, par Besdel. *Pont-à-Mousson*, 1806, 3 *vol. in*-12. *bas. fil.*

11. Traité des délits et des peines, trad. de l'ital. de Beccaria (par Chaillou). *Paris*, 1773, *in*-12. *v. m.*

12. Mémoire de M. G. J. Ouvrard. *Paris*, 1826, 2 *vol. in*-8. *br.*

13. Commentaires sur les lois anglaises, par Blackstone. *Bruxelles*, 1774, 6 *vol. in*-8. *bas.*

14. Ta-Tsing-leu-lée ou les Lois fondamentales du Code pénal de la Chine, trad. du chinois, par Staunton. *Paris*, 1812, 2 *vol. in*-8. *dem. rel.*

SCIENCES ET ARTS.

Philosophes anciens et modernes, Méthaphysique et Morale.

15. Les Œuvres de Sénèque, trad. par La Grange, et essai sur sa vie (par Diderot, avec notes de Naigeon). *Paris*, 1778, 7 *vol. in*-12. *dem. rel.*

16. Recueil de diverses pièces sur la philosophie, la religion, l'histoire, etc., par Leibnitz, Clarke, Newton, et autres publ., par Desmarzeaux. *Lausanne*, 1759, 2 *vol. in*-12. *v. m.*

17. Des signes et de l'art de penser, considérés dans leurs rapports mutuels, par M. De Gerando. *Paris*, 1800, 4 *vol. in-8. dem. rel.*

18. La Jouissance de soi-même, par Caraccioli. *Utrecht*, 1759, *in-12. v. éc. f. tr. dor.*

19. Réflexions sur le bonheur, par madame la marquise du Châtelet. *in-8. v. f. f.*

Manuscrit de 70 pages, avec les portraits gravés de madame du Châtelet et de Voltaire.

20. Des Compensations dans les destinées humaines, par H. Azaïs. *Paris*, 1809, *in-8. dem. rel.*

21. Esquisse d'un tableau historique des progrès de l'esprit humain, par Condorcet. *Paris*, 1795, *in-8. dem. rel.*

22. Essai philosophique concernant l'entendement humain, par Locke, trad. par Coste. *Amsterdam*, 1729, *in-4. vol. br.*

23. Considérations sur l'esprit et les mœurs, par Senac de Meilhan. *Londres*, 1787, *in-8. dem. rel.*

24. Les Caractères de Théophraste et de La Bruyère. *Paris*, *Herhan*, 1802, 3 *vol. in-18. bas.*

25. The Lounger, a periodical paper. *The 2d edit. Edinburgh*, 1787, 3 *vol. in-12. dem. rel.*

26. The Argus or general observer, a political miscellany by Sampson Berry. *London*, 1796, *in-8. dem. rel.*

Politique et Économie politique.

27. La Politique naturelle, ou Discours sur les vrais principes du gouvernement (par le baron d'Holbach). *Lond.*, 1773, 2 *t. en* 1 *vol. in-8. v. m.*

28. Recherches sur la science du gouvernement, par J. Gorani. *Paris*, 1792, 2 *vol. in-8. dem. r.*

29. Des Changemens opérés dans toutes les parties de l'administration de l'Empire romain, par M. Naudet. *Paris*, 1817, 2 *vol. in*-8. *dem. rel.*

30. Considérations politiques sur la France et les divers États de l'Europe, par Laboulinière. *Paris*, 1808, *in*-8. *dem. rel.*

31. Correspondance entre un Anglais et un Français, sur l'etat actuel de leurs nations, par M. Ricord. *Paris*, 1820, *in*-8. *dem. rel.* = La France telle qu'on l'a faite, par M. Kératry. *Paris*, 1821, *in* 8. *dem. rel.*

32. Dénonciation aux Cours royales, relativement à un système religieux et politique, par M. de Montlosier. *Paris*, 1826, *in*-8. *br.*

33. Traité sur la répression de la licence dans les écrits, les emblèmes et les paroles, par M. Hubert. *Paris*, 1817, *in*-8. *br.*

34. Commission de la Propriété littéraire. Collection des procès-verbaux. *Paris*, Pillet, 1826, *in*-4. *br.*

35. Des Lettres de cachet et des Prisons d'État, par Mirabeau. *Hambourg*, 1782, 2 *vol in*-8. *dem. rel.*

36. Lettres de Junius, trad. de l'angl. (par Varney). *Paris*, 1791, *in*-8. *bas.*

37. Instituts politiques et militaires de Tamerlan, trad. par Langlès. *Paris*, 1787, *in*-8. *bas. fil.*

38. Essai historique sur la législation de la Perse, par Gaudin. *Paris*, 1789, *in*-8. *dem. rel.*

39. Théorie de la nature, par Cazalet. *Bordeaux*, 1796, *in*-8. *dem. rel.*

Physique et Histoire naturelle générale et particulière.

40. Dictionnaire des Merveilles de la nature (par Sigaud de Lafond). *Paris*, 1802, 3 *vol. in*-8. *dem. rel.*

41. Lettres d'Euler à une princesse d'Allemagne, sur divers sujets de physique et de philosophie. *Leipsik*, 1774, 3 *vol. in*-8. *dem. rel.*

42. Institutions de physique et Opuscules, par Sage. *Paris*, 1811, 6 *vol. in*-8. *dem. rel.*

43. Discours sur les révolutions de la surface du globe, par M. Cuvier. *Paris*, 1825, *in*-8. *Gr. Pap. Vel. dem. rel.*

44. Dictionnaire raisonné universel d'histoire naturelle, par Valmont-Bomare. *Lyon*, 1791, 15 *vol in*-8. *fig. dem. rel.*

45. Dictionnaire classique d'histoire naturelle. *Paris*, *Rey et Gravier*, 1822, 8 *vol. in*-8. *br. et* 8 *liv. de pl. color.*

46. Œuvres complètes de Buffon. *Paris*, *impr. royale*, 1774, 70 *vol. in*-12. *fig. v. m.*

47. Études de la Nature, par Bernardin de Saint-Pierre. *Paris*, 1791, 6 *vol. in*-12. *fig. v. j.*

48. Tableau du climat et du sol des États-Unis d'Amérique, par Volney. *Paris*, 1803, 2 *vol. in*-8. *fig. dem. rel.*

49. Lettres et Mémoires sur l'histoire naturelle du cap Breton (par Pichon). *Londres*, 1760, *in*-12. *v. f.*

50. Quelques Mémoires sur différens sujets, la plupart d'hist. naturelle ou de physique (par Dupont de Nemours). *Paris*, 1807, *in*-8. *dem. rel.*

Agriculture et Jardinage.

51. La nouvelle Maison rustique, par Bastien, *Paris*, 1798, 3 *vol. in-4. fig. v. m.*

52. Bibliothèque physico-économique, par Sonnini, etc. *Paris*, 1802-1813, 22 *vol. in-12. fig. dem. rel.*

53. Nouveau Cours complet d'agriculture théorique et pratique. *Paris, Déterville*, 1809, 13 *vol. in-8. fig. dem. rel.*

54. Recueil-Pratique d'Economie rurale et domestique, par Mme Gacon-Dufour. *Paris*, 1804, 2 *vol. in-12. fig. dem. rel.* = La bonne Fermière, par Rose. *Paris*, 1798, *in-12. bas.*

55. Mémoire sur les troupeaux de progression, par M. Morel de Vindé. 1808. = Mémoires sur les prairies, par Buchoz, 1805 = Mémoires sur l'ajonc, ou genet épineux, par Calvel. = Dissertation sur une ancienne Sculpture grecque, par M. Champollion-Figeac, 1811, 1 *vol. in-8. cart.*

56. Traité général des prairies, par M. Dourches. *Paris*, 1801, *in-8. fig. dem. rel.* = Traité des prairies artificielles. *Paris*, 1801, *in-8. dem. rel.*

57. Manuel des étangs, par le baron Rougier de la Bergerie. *Paris*, 1819, *in-12. fig. dem. rel.*

58. Recueil des machines, instrumens et appareils qui servent à l'Économie rurale, par M. Leblanc. *Paris*, 8 *livr. in-fol. oblong, fig. br.*

59. Manuel pour soigner les abeilles, par Lombard. *Paris*, 1803, *in-8. dem. rel.* = La Ruche pyramidale, par Ducouédic. *Paris*, 1813, *in-8. dem. rel.*

60. L'Ami des Jardiniers, par Poinsot. *Genève*, 1803, 2 *vol in-8. fig. dem. rel.*

61. Essai sur la composition et l'ornement des jardins. *Paris*, 1818, *in*-12. *fig. dem. rel.*

62. Plans raisonnés de toutes les espèces de jardins, par M. Gabriel Thouin. *Paris*, 1820, *in-fol. fig.* 56 *pl. color. dem. rel.*

Botanique, Zoologie, Art alimentaire et Chimie.

63. La Botanique de J.-J. Rousseau, d'après les peintures de M. P. J. Redouté. *Paris*, 1805, *gr. in*-4. *fig. col. dem. rel. dos de maroq. r.*

64. Mémoires sur l'Influence de l'air dans la germination des graines, par Hubert et Senebier. *Genève*, 1801, *in*-8. *dem. rel.*

65. Promenades au Marché aux Fleurs, ou le Botaniste du Second Age, par M. Pujoulx. *Paris*, 1811, *in*-12. *fig. dem. rel.*

66. Les Liliacées, par M. Redouté. *Paris*, 1802, 8 *vol. in-fol. cart.*, 480 *fig. col.*, *Pap. Vél.*

67. Jardin de la Malmaison, par Ventenat. *Paris*, 1803, 2 *vol. in-fol.*, *cart. non rognés*, 120 *pl. col.*, *Pap. Vél.*

68. Histoire naturelle, civile et géographique de l'Orénoque, par Gumilla; trad. de l'espagnol par Eidoux. *Avignon*, 1768, 3 *vol. in*-12. *fig. dem. rel.*

69. La Ménagerie du Museum d'histoire naturelle. *Paris*, 1801, *gr. in-fol.*, *fig.*, *cart.*

70. L'Art du Cuisinier, par Beauvilliers; le Confiseur moderne, par Machet. *Paris*, 1817, 3 *vol. in*-8. *fig. dem. rel.*

71. Chimie appliquée aux arts, par M. Chaptal. *Paris*, 1807, 4 *vol. in*-8. *fig. dem. rel.*

72. Recherches sur la découverte de l'essence de

rose, par Langlès. *Paris*, 1804, *in*-18, *dem. rel. Pap. Vél.*

Arts et Beaux-Arts, Traités généraux et particuliers.

73. Lettres sur les Arts imitateurs en général, et sur la danse en particulier, par Noverre. *Paris*, 1807, 2 *vol. in*-8. *dos maroq. r. dent. tr. dor. Pap. Vél.*

74. Traité de la peinture, de Léonard de Vinci, par M. Gault de Saint-Germain. *Paris*, 1803, *in*-8. *fig. dem. rel.*

75. Histoire de la Peinture en Italie, par M. Bombet. *Paris. Didot aîné*, 1817, 2 *vol. in*-8. *dem. rel.*

76. Mémoire sur la Peinture sur verre et sur quelques vitraux des églises de Rouen, par Langlois. *Rouen*, 1823, *in*-8. *fig. br.* = The Oriental Drawings of capt. Gold. *London*, 1800, n° 5. *gr. in*-4. *dem. rel. fig. col.*, *incomplet.*

77. Mémoire sur la Peinture sur verre et sur quelques vitraux des églises de Rouen, Langlois. Rouen, 1823, *in*-8. *fig. br. Gr. Pap. Vél.*

78. Recueil de Dessins d'après l'antique, 1 *vol. in*-4. *bas. dent.*

Trente Dessins exécutés à la plume avec une grande perfection.

79. L'Œuvre d'Abraham Bosse, en vingt pièces, *petit in-fol. fig. parch. dos de maroq. r.*

80. Suite de 24 grav. au trait de Bern., Picart, pour le Térence de Desoër. *In*-8.

81. Suite de six vignettes de Cochin pour l'Emile, de J.-J. Rousseau. *In*-4.

82. Histoire de l'Enfant prodigue en douze Tableaux, dessinée et gravée par J. Duplessis-Bertaux. *Paris*, 1826, *in*-4. *fig. Pap. Vél. cart.*

83. Galerie du Palais-Royal, par Couché. *Paris. Les 5 premières Livr. in-fol.*

84. Illustri fasti Farnesiani dei Zuccari. *Romani*, 1748, *in-fol. fig. Fragmens.*

85. Tableaux, Statues et Bas-Reliefs de la Galerie de Florence, du palais Pitti, par Wicar et Mongez. *Paris*, 1789, 50 *liv. complètes en* 3 *vol. in-fol. cart. fig. avant la lettre, Pap. Vél.*

86. Galerie lithographiée des Tableaux du duc d'Orléans, par MM. Vatout et Quénot. *Paris*, 1826, 23 *livr. in-fol. Pap. Vél. fig. sur pap. de Chine.*

87. Concours décennal, publié par Filhol et Bourdon. *Paris*, 1812, 10 *liv.. in-4. fig. br.*

Costumes divers anciens et modernes.

88. Sujets de l'Iliade et de l'Odyssée d'Homère, et des Tragédies d'Eschyle, gravés d'après J. Flaxman. *Paris*, 3 *vol. in-fol. oblong. dem. rel.*

89. Fig. d'Homère dessinées d'après l'antique, par Tischbein, avec les explications de Heyne. *Metz*, 1801, *Tom.* 1er. Iliade, *in-fol. fig. cart.*

90. J. Costumi religiosi civili e militari degli antichi disegnati ad incisi da Dom. Pronti. *In Roma. in-4. oblong br.* 49 *pl.*

91. Recherches sur les Costumes et sur les Théâtres de toutes les nations, par Levacher de Charnois. *Paris*, 1790, 2 *vol. in-4. fig. col. éc. de f.*

92. Huit peintures de Costumes pour la Tragédie de Guillaume Tell, avec une lettre sur ces costumes, par le comte de Bruhl. *In-4. br.*

93. Pictures representations of the dress and manners of the English. *London*, 1814, *in-8. Pap. Vél. cart.* 50 *pl. col.*

94. Recueil de 12 Costumes Suisses du XVIe siècle, gravés d'après les Dessins originaux de Jean Holbein. *Basle, Mechel*, 1790. *In-4. col.*

95. Suite de différens Costumes de paysans et paysannes de la Suisse. *Basle, Mechel*, 1785. *In-4*, 26 *pl. col.*

96. Swiss scenery, from Drawings by major Cockburn. *London*, 1820. *Gr. in-8. fig.* 61 *pl. maroq. ant. non rogné.*

97. Costumes Orientaux inédits. *Paris*, 1813, 25 *pl. in-4. col.*

98. Costume of China, by W. Alexander. *London*, 1797, 6 *cah. gr. in-4. fig. col. br. avec l'explication en anglais.*

99. Collection de 250 Gravures exécutées et légèrement enluminées par les Indiens sur les Dessins de M. Solvyns, représentant les Costumes, usages, et cérémonies religieuses des peuples de l'Inde.

Cet ouvrage extrêmement rare, tiré seulement à vingt exemplaires, est un monument de l'industrie des Indiens, et se recommande par la vérité des Dessins tous pris d'après nature; il forme un gros volume in-folio relié à Calcutta.

L'explication des Gravures toutes numérotées et divisées par section, est donnée dans un ouvrage écrit en anglais, imprimé et rélié à Calcutta en 1799, en un vol. in-8.

La traduction française manuscrite forme un autre vol in-8.

100. Description des Fêtes données en octobre 1808, à Weimar et à Jéna, par le duc de Saxe-Weimar. *Weimar*, 1809, *in-fol. dos de mar. r. r. Pap. Vél.* 5 *pl. col.*

101. De la Natation et de son application à l'art de la guerre, par M. le vicomte de Courtivron. *Paris*, 1824, *in-12*, *fig. cart. pap. maroq. dent.*

BELLES-LETTRES.

Cours d'Études, Grammaires et Dictionnaires, Rhéteurs et Orateurs.

102\. Cours d'Étude, par Condillac. *Parme*, 1775, 16 *vol. in*-8. *v. m.*

103\. Cours analytique de Littérature générale, par N. L. Lemercier. *Paris*, 1817, 4 *tom. en* 3 *vol. in*-8. *dem. rel.*

104\. Dictionnaire latin-français, par M. Noël. *Paris*, 1813, *gr. in*-8. *bas.*

105\. Manuel de la Pureté du langage, par Blondin. *Paris*, 1823, *in*-8. *dem. rel.*

106\. Dictionnaire de l'Académie. *Nismes*, 1786, 2 *vol. in*-4. *bas.*

107\. Grammaire italienne élémentaire et raisonnée, par M. Biorgioli. *Paris*, 1808, *in*-8. *bas.*

108\. Le Maître d'Anglais, par W. Cobbett, publié par M. Scipion Du Roure. *Paris*, 1810, *in*-8. *bas.*

109\. Dictionnaire français-anglais, par Dufief. *Philadelphie*, 1810, *in*-12. *bas.*

110\. A Grammar of the Iberno-Celtic or irish language, by Ch. Vallancey. *Dublin*, 1773, *in*-4. *v. éc. tr. d.*

111\. Quintilien. De l'Institution de l'orateur, trad. par Gedoyn. *Paris*, 1752, 4 *vol. in*-12. *v. m. fil.*

112\. OEuvres diverses de Cicéron, trad. en français, et Histoire de sa vie. 30 *vol. in*-12. *v. m.*

113. The Speaker or miscellaneous pieces selected from the best English writters and Exercises in elocution, by William Enfield. *London*, 1815, 2 *vol. in*-12. *bas.*

Poètes grecs et latins.

114. L'Iliade et l'Odyssée d'Homère, trad. en franç., et Joseph, poëme, par Bitaubé. *Paris*, 1787, 14 *vol. in*-18. *fig. v. éc. tr. dor.*

115. Les OEuvres d'Hésiode, trad. par Gin. *Paris*, 1785, *in*-12. *bas. tr. dor.*

116. Idylles de Théocrite, trad. en vers franç. par M. Servan de Sugny. *Paris*, 1822, *in*-18. *dem. rel.*

117. L'Énéide et les Géorgiques de Virgile, trad. par Delille. *Paris*, 5 *vol. in*-18, *dem. rel.*

118. L'Énéide de Virgile, trad. en vers franç., et Poésies diverses, par Mollevaut. *Paris*, 1822, 5 *vol. in*-18. *bas. fil.*

119. Les Géorgiques de Virgile, trad. en vers franç. par Delille. *Paris*, 1770, *gr. in*-8. *v. m. tr. dor.* = Églogues de Virgile, en vers franç., par M. Tissot. *Paris*, 1800, *in*-8. *dem. rel.*

120. Les Bucoliques de Virgile, trad. en vers franç. par M. Firmin Didot. *Paris*, 1806, *in*-8. *dem. rel.* = Géographie de Virgile, par Helliez. *Paris*, 1771, *in*-8., *dem. rel.*

121. L'Art poétique d'Horace, trad. et analysé par Verdier. *Paris*, 1804, *in*-12. *dem. rel.* = Horace éclairci par la ponctuation, par Croft. *Paris*, 1810, *pet. in*-8. *dem. rel.*

122. Élégies de Tibulle et Baisers de Jean Second, trad. par Mirabeau. *Tours*, 1795, 2 *vol. in*-12. *dem. rel.*

123. Satyres de Juvénal, trad. en vers franç. par M. Raoul, 3e *édition. Tournai*, 1818, *in*-8., *dem. rel.*

124. Traduction des Métamorphoses d'Ovide, par Fontanelle. *Paris*, 1767, 2 *vol. gr. in*-8. *fig. v. m.*

125. Argonautique de Valerius Flaccus, trad. en vers franç. par Dureau de Lamalle. *Paris*, 1811, 3 *vol. in*-8., *dem. rel.*

Poésie française, et Poètes français, anciens et modernes.

126. Élémens de Poésie française (par Joannet). *Paris*, 1752, 3 *vol. in*-18, *v. m.*

127. L'Art poétique des Demoiselles et des jeunes gens, par M. Em. Dupaty. *Paris*, 1824, *in*-12. *fig. dem. rel.*

128. Nouveau Dictionnaire poétique, par Hamoche. *Paris*, 1802, *in*-8. *dem. rel.*

129. Choix de Poésies originales des troubadours, par M. Raynouard. *Paris*, 1816, 4 *vol. gr. in*-8. *bas. dent. tr. dor.*

130. Le Roman de la Rose, par G. de Lorris et J. de Meung. *Paris*, *Galiot Dupré*, 1529, *petit in*-8. *fig. en bois, maroq. vert. l. r.*
Exemplaire bien conservé.

131. Le Champion des Dames, livre plaisant, copieux et abondant en sentences, par Martin Franc. *Paris*, *Galiot Dupré*, 1530, 1 *tom. en* 2 *vol. in*-12. *v. f.*

132. Les OEuvres de Clément Marot. *La Haye*, *Moetjens*, 1700, 2 *vol. pet. in*-12, *v. br.*

133. Les Œuvres et Mélanges poétiques d'Estienne Jodelle. *Lyon*, *Rigaud*, 1597, *in*-12. *v. m.*

134. Les Œuvres de Ronsard. *Paris*, 1630, 10 *vol. petit in*-12, *v. j. f.*

Le tome 9 est rappareillé.

135. Les Œuvres poétiques de Remy Belleau. *Lyon*, *Soubron*, 1592, 2 *tom. en* 1 *vol. pet. in*-12. *maroq. rouge.*

136. Les Œuvres poétiques de Pontus de Tyard. *Paris*, *Galiot du Pré*, 1573, *in*-8. *v. m.*

137. Les premières Œuvres de Philippes Des Portes. *Paris*, *Robert Estienne*, 1573, *in*-4. *v. f. f. l. r. rel. de Derome.*

138. La Magdeleine de Remi de Beauvais. *Tournai*, *Ch. Martin*, 1617, *in*-8. *vélin.*

139. L'Ovide bouffon, ou les Métamorphoses travesties, en vers burlesques, par Richer. *Paris*, 1662, *in*-12. *v. br.*

140. L'Amy sans fard qui console les affligez, en vers burlesques par Jacquers. *Lyon*, 1664, *in*-12. *v. m. f. tr. dor.*

141. Le Faut-mourir, en vers burlesques, par Jacques Jacques. *Lyon*, 1669, *in*-12. *bas.*

142. Fables et Contes de La Fontaine, 4 *vol.* = Malherbe. 1 *vol.* = Boileau, 2 *vol.* = J.-B. Rousseau. 2 *vol.* = Gresset, 2 *vol.* = Télémaque, 2 *vol.* *Stéréotype de Didot.* 13 *vol. in*-18. *v. r. f.*

143. Œuvres du cardinal de Bernis. *Paris*, 1797. *in*-8. *Gr. Pap. Vél. maroq. r. dent. à comp. tabis.*

144. Œuvres complètes du cardinal de Bernis. *Londres*, 1767, 2 *vol. in*-12. *v. m.*

145. Les Saisons, poëme, par Saint-Lambert. *Amst.*, 1769, *in*-8. *v. m. f.*

146. Les Mois, poëme, par Roucher. *Paris*, 1779, 4 *vol. in*-18. *dem. rel.*

147. OEuvres de Colardeau. *Paris*, *Cazin*, 1793, 3 *vol. in*-18. *dem. rel.*

148. Glicère, ou la Philosophie de l'amour, poëme champêtre. *Zurich*, 1796, *in*-8. *dem. rel. Pap. Vélin.*

Tiré à 100 exemplaires.

149. Recueil de Poésies par Ducis. = Poésies nationales par d'Avrigny, et autres. *In*-8. *cart.*

150. Poésies et Traductions en vers de M. Firmin Didot. *Paris*, 1822, *in*-12, *dem. rel.*

151. Achille à Scyros, poëme, par Luce de Lancival. *Paris*, 1807, *in*-8. *v. rac. dent. tr. dor.*

152. Poésies et Traductions en vers de M. Firmin Didot. *Paris*, 1822, *in*-12. *dem. rel. Pap. Vélin.*

153. Poésies diverses de M. Fr. de Reiffenberg. *Paris*, 1825, 2 *vol. in*-18. *dem. rel.*

154. Les quatre Métamorphoses, les Ages français, Moyse, Poëmes, Rerologues ou Chants des poètes rois, Chants héroïques des Grecs, 2e partie, par M. Lemercier. 5 *vol. in*-4. *et in*-8. *reliés.*

155. Charlemagne ou l'Église délivrée, poëme, par le prince de Canino. *Paris*, 1815, 2 *vol. gr. in*-8. *dem. rel. Pap. Vélin.*

156. Charlemagne, ou la Caroléide, poëme, par M. D'Arlincourt, avec gravures d'après les dessins de M. H. Vernet. *Paris*, 1818, 2e *édit.* 2 *vol. in*-8. *fig. dos de veau. Pap. Vélin.*

157. L'Immortalité de l'Ame, ou les Quatre Ages religieux, poëme, par M. de Norvins. *Paris*, 1822, *in*-8. *dem. rel.*

158. Philippe-Auguste, poëme, par M. Parseval. *Paris*, 1826, *in*-8. *br.*

159. Siége de Lyon, et Poésies diverses, par Ch. Massas. *Paris*, 1824, *in*-18, *dem. rel. Pap. Vél.*

160. L'Odontotechnie, ou l'Art du Dentiste, poëme, par M. Marmont. *Paris*, 1825, *in*-18. *br. Pap. Vélin.*

Poètes italiens, anglais et allemands.

161. Traduction nouvelle, en vers, de l'Enfer du Dante, par M. Brait de Lamothe, avec le texte en regard. *Paris*, 1823, *in*-8. *br.*

162. Rime di Fr. Petrarca e di Buonarotti col commento di Bingioli. *Parigi*, 1821, 4 *vol. in*-8., *dem. rel.*

163. La Philis de Scire, par Bonarelli, et Aminte du Tasse (trad. par de Torche), en ital. et en franç. *Paris*, 1669, 2 *tom. en* 1 *vol. in*-12, *v. br.*

164. Les Veillées du Tasse, trad. par Barère, ital. et franç. *Paris*, 1804, *in*-8., *fig. cart. Pap. Vél.*

165. Poems selected from the English. *Strasbourg*, 1792. = Some specimens of the poetry of the autient Wels Bards, by Evan Evans. *London*, 1764. = Historical Memoirs of the Irish Bards, by Walker. *Dublin*, 1786, 3 *tom. en* 1 *vol. in*-4. *bas. éc.*

166. Poems on Several occasions, by Prior. *London* 1717, *in*-12, *maroq. r.*

167. The works of Ossian, by J. Macpherson. *Paris*, 1783, 4 *vol. in*-18. *bas.*

168. Les Nuits d'Young, trad. de l'angl. par Le Tourneur. *Paris*, 1770, 4 *vol. in*-8. *fig. v. marb.*

169. Recueil de Poésies d'Helena-Maria Williams,

trad. de l'angl. par Boufflers et Esmenard. *Paris*, 1808, *in*-8. *cart. Pap. Vél.*

170. Philibert, a poetical romance, by Th. Colley Grattan. *London*. 1819, *in*-8. *dem. rel.*

171. The Bride of Abydos and the Giaour turkish, tales, by lord Byron. *London*, 1813, *in*-8. *dem. rel.*

172. The Works of lord Byron. *Paris, Galignani*, 1819. 8 *vol. in*-12, *v. r. dent. tr. dor. Pap. Vél.*

173. Caïn, mystère dramatique de lord Byron, trad. en vers franç. par Fabre d'Olivet. *Paris*, 1823, *in*-8. *Pap. Vélin. br.*

174. Œuvres complètes de Gessner. *Paris, Cazin*, 3 *vol. in*-18. *fig. éc. tr. dor.*

Art dramatique, Théâtres grecs, latins et français.

175. Cours de Littérature dramatique, par. A. W. Schlegel. *Paris*, 1814, 3 *vol. in*-8. *dem. rel.*

176. Collection de Mémoires sur l'Art dramatique. *Paris, Ponthieu*, 1822, 8 *vol. in*-8. *dem. rel. Pap. Vélin.*

177. Divers ouvrages sur l'Art dramatique. 6 *vol. in*-8. *reliés.*

178. Idées sur le Geste et l'Action théâtrale, par Angel et Mercier. *Paris*, 1788, 3 *vol. in*-8. *fig. dem. rel.*

179. Théorie de l'Art du Comédien, ou Manuel théâtral, par M. Aristippe. *Paris*, 1826, *in*-8. *br.*

180. Théâtre des Grecs, par le P. Brumoy, édition rédigée par Brotier. *Paris, Cussac*, 1785, 13 *vol. in*-8. *fig. bas. éc. f.*

181. Théâtre de Sophocle, trad. par de Rochefort. *Paris*, 1788, 2 *vol. in*-8. *dem. rel.*

182. Les Comédies de Térence, en latin et en franç., par madame Dacier. *Amst.*, 1747, 3 *vol. in*-12. *fig. v. m.*

183. Recherches sur les Théâtres de France, par de Beauchamps. *Paris*, 1735, 3 *vol. pet. in*-8. *bas.*

184. Les Fastes de la Comédie française, par M. Ricard. *Paris*, 1821, 2 *vol. in*-8. *dem. rel.* = Le même ouvrage. 2 *vol. in*-8. *br.*

185. Répertoire du Théâtre français. *Paris*, *Barba*, 1817, 6 *vol. in*-8. *dem. rel.*

186. Répertoire du Théâtre-Français, avec des notices et l'examen de chaque pièce, par M. Petitot. *Paris*, *Foucault*, 1817, 25 *vol. in*-8. *dem. rel.*

187. Répertoire du Théâtre-Français, ou détails essentiels sur 360 tragédies et comédies, par M. Colson. *Bordeaux*, 3 *vol. in*-8. *br. Pap. Vél.*

188. Les Tragédies de Robert Garnier. *Paris*, 1582, *in*-12. *v. j.*

189. Auteurs dramatiques de la collection stéréotype de Didot. Savoir : Boursault. 2 *vol.* = Campistron. 1 *vol.* = P. et Th. Corneille. 4 *vol.* = Crébillon. 3 *vol.* = Dancourt. 5 *vol.* = Destouches. 2 *vol.* = Dufresny. 2 *vol.* = La Chaussée. 2 *vol.* = Lafosse et Duché. 1 *vol.* = La Grange. 1 *vol.* = Lamotte. 2 *vol.* = Molière. 8 *vol.* = Piron. 2 *vol.* = Racine. 5 *vol.* = Regnard. 5 vol. 45 *vol. in*-18. *v. rac. fil.*

On les vendra par lots.

190. Œuvres de P. et Th. Corneille. *Paris*, 1758. 19 *vol. in*-18. *bas.*

Manque le tom. 4 de P. Corneille.

191. L'Esprit du grand Corneille, par François de Neufchâteau. *Paris*, 1819, *in*-8. *dem. rel.*

192. Œuvres complètes de Molière. *Paris, Sautelet*, 1825. 1 *vol. en* 5 *livr. in*-8. *br.*

193. Études sur Molière, par Cailhava. *Paris*, 1802, *in*-8. *dem. rel.*

194. Œuvres de Regnard. *Paris*, 1778, 4 *vol. in*-18. *v. m.*

195. Œuvres de Regnard. *Paris, Maradan*, 1790, 4 *vol. gr. in*-8. *dem. rel. Pap. Vél.*

196. Œuvres de J. Racine. *Paris, Didot aîné*, 1783, 3 *vol. gr. in*-4., *maroq. rouge. Pap. Vél.*

197. Œuvres de Le Grand. *Paris*, 1770, 4 *vol. in*-12. *v. m.*

198. Théâtre de Fagan. *Paris*, 1760, 4 *vol. in*-12. *v. m.*

199. Œuvres complètes de Crébillon. *Paris*, 1785, 3 *vol. in*-8. *v. éc. f.*

200. Œuvres de Théâtre de Saint-Foix. *Paris*, 1774, *impr. roy.* 3 *vol. in*-12. *v. m. tr. dor.*

201. Les Thermopyles, tragédie de circonstance, par le comte d'Estaing. *Paris*, 1791, *in*-8. *v. éc. f. tr. dor. Pap. Vél.*

202. Théâtre de Marie-Joseph Chenier, et Œuvres complètes d'André Chenier. *Paris*, 1818, 4 *vol. in*-8. *cart.*

203. Œuvres complètes de M. Alexandre Duval. *Paris*, 1822, 9 *vol. in*-8. *dem. rel.*

204. Frédégonde et Brunehaut, Louis IX en Égypte, Clovis, Charlemagne, les Martyrs de Souli, et Camille, tragédies par M. Lemercier. *Paris*, 5 *vol. in*-8. *rel. et br.*

205. Tragédies et Comédies anciennes at modernes, la plupart jouées au Théâtre-Français. *In*-8. *et in*-12. *cart. et br. qui seront détaillées par lots.*

206. Manlius, par La Fosse; Adélaïde Duguesclin, par Voltaire; Gabrielle de Vergy, par de Belloy; Epicharis et Néron, par Legouvé; Abufar, Œdipe chez Admète, Hamlet, par Ducis; Omasis, par M. Baour-Lormian; Bélisaire, par M. Jouy; Misantropie et Repentir; Othello, en anglais, par Shakspeare. *In-8. br. avec des corrections et changemens manuscrits.*

Poètes dramatiques, Anglais, Allemands et Espagnols, etc.

207. A Select british Theatre by M. Kemble. *London*, 1815, 8 *vol. in-12. dem. rel. pap. vél.*

208. Shakspeare's dramatic works with explanatory notes. *London*, 1790, 2 *vol. gr. in-8, cuir de Russie gauffré.* = Index by Sam. Ayscough, 1790, *gr. in-8. cuir de Russie. dent. à comp.*

209. Characters of Shakspear's plays by W. Hazlitt. *London*, 1817, *in-8. dem. rel.*

210. Tragedies by William Sotheby. *London*, 1814, *in-8. dem. rel.*

211. Characters of Shakespear's plays, by W. Hazlitt. *London*, 1817, *in-8. maroq. rouge. dent.*

212. Shakespeare, trad. de l'angl. par Le Tourneur. *Paris*, 1776, 20 *vol. in-8. v. f. f.*

Le tome 2 est appareillé.

213. Dramas, by sir James Bland Burges. *London*, 1817, 2 *vol. in-8. dem. rel.*

214. Reminiscences of Michael Kelly of the King's theatre. *London*, 1826, 2 *vol. in-8. cart.*

215. Garrick, ou les Acteurs anglais. *Paris*, 1769, *in-12. cart.*

216. An authentic narrative of M. Kemble's retirement from the stage. *London*, 1817. = Memoirs of J. Howard Payne, the American Roscius. *London*, 1815, 2 *vol. in*-8. *cart.*

217. Œuvres dramatiques de Goethe. *Paris*, 1825, 4 *vol. in*-8. *dem. rel.*

218. Origen, epocas y progressos del teatro espanol por de Villanueva. *Madrid*, 1802, *in*-8. *fig. v. r. f.*

Mythologie, Fables, Contes et Romans.

219. Dictionnaire de la Fable, par M. Noel. *Paris*, 1805, *in*-12. *dem. rel.* = Abrégé de la Fable, par Chompré. *Paris*, 1754, *in*-12. *v. br.*

220. Apologues (par M. Creuzé de Lesser). *Paris*, 1825, *in*-18. *dem. rel. pap. vél.*

221. Contes mogols, par Gueullette. *Paris*, 1722, 3 *vol. in*-12. *v. br.* = La Princesse de Clèves, par Mme de La Fayette. *Paris*, 1764, 2 *vol. petit in*-12. *v. m.*

222. Œuvres de Fr. Rabelais (publ. par Gueullette et Jamet). *Paris*, 1732, 6 *vol. petit in*-8. *fig. v. br.*

223. Les Ethiopiennes, ou Theagènes et Chariclée trad. du grec d'Héliodore par Quenneville. *Paris*, 1801, 3 *vol. in*-12. *fig. dem. rel.*

224. Émile et la Nouvelle Héloïse, par J. J. Rousseau. *Paris, stéréotype de Didot*, 10 *vol. in*-18. *v. r. dent.*

225. Corinne, ou l'Italie, par Mme de Staël. *Paris*, 1807, 3 *vol. in*-12. *bas.*

226. Malvina, par Mme Cottin. *Paris*, 1805, 3 *vol. in*-12. *dem. rel.*

227. Gonzalve de Cordoue, par Florian. *Paris*, 1791, 2 *vol. in-8. dem. rel.*

228. La Tremouille, Chevalier sans peur et sans reproche. *Paris*, 1806, 3 *vol. in-12. fig. dem. rel.*

229. Marie, ou les Peines de l'Amour. 1812, 2 *vol. in-8. br.*

230. Jeannette seconde, ou la Nouvelle Paysanne parvenue. *Amsterd.*, 1771, *in-12. v. m.*

231. Lydie, ou les Mariages manqués, par Mme Simons Candeille. *Paris*, 1809, 2 *vol. in-12. dem. rel.*

232. L'Homme du Mystère, trad. de l'anglais, par Mme Bégin. *Paris*, 1821, 3 *vol. in-12. dem. rel.*

233. Carlos de Montilla, ou les Apparitions du Château des Appennins, par Mlle Vanhove. *Paris*, 1824, 4 *vol. in-12. fig. dem. rel.*

234. Fables of John Gay, The Vicar of Wakefield by Goldsmith, a Sentimental Journey by Sterne, Letters of lady Montague, *édit. stéréotype*. 1800, 4 *vol. in-18. v. r. f.*

235. Tom-Jones, imité de Fielding, par de Laplace. *Paris*, 1767, 4 *vol. in-12. fig. v. m.*

236. Quentin Durward, et les Aventures de Nigel, par Walter Scott. *Paris*, 1822. 8 *vol in-12. dem. rel.*

237. Les Divorces anglais. *Paris*, 1821, 3 *vol. in-12. br.*

238. Les Étoiles et les Perroquets, roman historique, par Varnhagen d'Ense, trad. de l'all. par MM. de Saur et de Saint-Geniés. *Paris*, 1823, *in-8. dem. rel.*

239. Opuscules philosophiques et littéraires, la plupart posthumes ou inédits (recueillis par Suard et de Vauxcelles). *Paris*, 1796, *in*-12. *dem. rel. Papier Vélin.*

Mélanges littéraires, critiques et polygraphes.

240. Mémoires historiques, littéraires et critiques de Bachaumont. *Paris*, 1806, 2 *vol in*-8. *dem. rel.*

241. Correspondance littéraire, philosophique et critique, par Grimm et Diderot, 2e partie, *de* 1770 *à* 1782. *Paris*, 1812, 5 *vol. in*-8. *dem. rel.*

242. Correspondance littéraire, philosophique et critique de Grimm et Diderot. *Paris*, 1813, 17 *vol. in*-8. *dem. rel.*

243. Consciences littéraires d'à présent. *Paris*, 1818, *in*-8. *br.*

244. La nouvelle Année littéraire, par M. H. Magnien. *Paris*, 1824, *tome* 1er *et* 4 *livr. du tome* 2. *in*-8. *br.*

245. Opinions littéraires, philosophiques et industrielles. *Paris*, 1825, *in*-8. *br. Pap. Vélin.*

246. Des Comédiens et du Clergé, par M. d'Hénin de Cuvillers. *Paris*, 1824, 2 *vol. in*-8 *et in*-12. *br.*

247. Lucien, de la traduction de Perrot d'Ablancourt. *Paris*, 1706, 3 *vol. in*-12. *v. br.*

248. Œuvres de Saint-Evremond. *Amsterd.*, 1739, 8 *vol. in*-12. *fi. v. m. f.*

249. OEuvres complètes de Montesquieu. *Paris, stéréotype de Didot*, 10 *vol. in*-18. *v. r. f.*

250. OEuvres de Piron, publiées par Rigoley de Juvigny. *Paris*, 1776, 7 *vol. in*-8. *v. f. f.*

251. OEuvres posthumes de d'Alembert. *Paris*, 1799, 2 *vol in-12. bas.*

252. OEuvres complètes de Palissot. *Paris*, 1779, 7 *vol. in-12. v. f.*

253. OEuvres de La Harpe. *Paris*, 1778, 7 *vol. in-8. v. m.*

254. OEuvres complètes de J. J. Rousseau, en un vol. *Paris*, 1825, 25 *livr. in-8. br.*

255. OEuvres diverses de Voltaire, dont: Théâtre, Essai sur les Mœurs, etc. *Stéréotype de Didot*, 39 *vol. in-18. v. r.*

256. OEuvres complètes de Voltaire, en 2 vol. *Paris*, 1825, *livr.* 1 *à* 48. *in-8. br. Pap. Vélin.*

257. OEuvres de Fontenelle. *Paris*, 1758, 11 *vol. in-12. v. m.*

Le tome 1er est rappareillé.

258. OEuvres choisies de M. de Piis. *Paris*, 1810, 4 *vol. in-8. dem. rel.*

259. OEuvres de Ducis. *Paris*, 1813, 3 *vol. in-8. fig. dem. rel.*

Exemplaire avec envoi de l'auteur.

260. —Les mêmes, 1813, 3 *vol. in-8. fig. v. rac. dent.*

261. OEuvres de Ducis. 1826, *tome* 1er. *in-8. fig. br. Pap. Vélin.*

262. OEuvres de M. Lacretelle aîné. *Paris*, 1823, 4 *vol. in-8. dem. rel.*

263. OEuvres complètes de M. Arnault. *La Haye*, 1817, 4 *vol. in-8. dem. rel.*

264. —Les mêmes, 1817, 4 *vol. in-8. dem. rel.*

265. OEuvres de M. Arnault. *Paris*, 1824, 3 *vol. in-8.* 2 *vol. dem. rel. et* 1 *vol. br.*

266. OEuvres complètes de M. Et. Jouy. *Paris, Jules Didot*, 1823, 24 *vol. in-8.* 16 *vol. dem. rel.* & *br.*

267. OEuvres posthumes de Frédéric II, roi de de Prusse (par Ch. Laveaux). *Berlin*, 1788, 16 *vol. in-8. v. éc. f. tr. dor.*

268. OEuvres de Pope, trad. de l'angl. (par Joncourt). *Amsterd.*, 1767, 8 *vol. in-12. fig. v. éc. f. tr. dor.*

Lettres autographes.

269. Lettre autographe, signée de J. J. Rousseau, datée de Motiers, 21 août 1763, 4 *pag. in-8.*

270. Lettre autographe de Voltaire à Mlle Quinault. = Trois billets du même.

271. Lettre autographe de Mirabeau, datée de Londres, 10 novembre 1784.

272. Lettres originales de Mirabeau, écrites du donjon de Vincennes, recueillies par Manuel. *Paris*, 1792, 4 *vol. in-8. dem. rel.*

HISTOIRE.

Histoire, Géographie, Atlas et Cartes particulières.

273. A New and complete systeme of Geography, by Middleton. *London*, 2 *vol. in-fol. fig. v. j.*

274. Géographie moderne, par Pinckerton, trad. par Walckenaer. *Paris*, 1804, 6 *vol in-8. et atlas. in-fol. dem. rel.*

275. Atlas historique, généalogique, chronologique et géographique, par Lesage (comte de

Las Cases). *Paris*, 1823-1825, *gr. in-fol. en* 34 *cartes coloriées. dem. rel.*

276. Diverses cartes géographiques, dont 8 plans de Paris à différentes époques, par Defer.

277. Plan de Paris en 1739, par Bretez, *gr. in-fol. mar. r.* 20 *pl.*

278. Diverses cartes géographiques, publiées par Picquet, 15 *feuilles collées sur toile.*

279. Carte de la Suisse, par Jaillot, 1783, 4 *feuilles sur toile dans un étui.*

280. Itinéraire descriptif de la Vallée de Sixt en Savoie. *Genève*, 1821, *in-12. fig. cart.*

281. Itinéraire descriptif de l'Espagne, par M. Alex. de La Borde. *Paris*, 1808, 5 *vol. et atlas in-8. dem. rel.*

282. Carte de la Russie et de l'Autriche, par Lapie. 1812, 6 *feuilles collées sur toile dans un étui.*

Voyages, Histoire générale et particulière, Collections, etc.

283. Abrégé de l'Histoire des Voyages, par de La Harpe. *Paris*, 1780, 21 *vol. in-8. et atlas in-4. dem. rel.*

284. Annales des Voyages, par M. Malte-Brun. *Paris*, 1808, 24 *vol. in-8. fig. dem. rel.*

285. Collection des grands et petits Voyages, savoir: Voyages aux Indes occidentales. *Francfort*, 1590, *part.* 1 *à* 9. 2 *vol. in-fol. fig. v. br.* 2e *édit.*

Manque la planche d'Adam et Eve dans la première partie.

— Voyages aux Indes orientales. *Francfort*, 1598, *part.* 1 *à* 10. 2 *vol. in-fol. fig. v. br.*

286. Americæ tertia pars Brasilia historiam con-

tinens, studio et diligentia Theod. de Bry. *Francofurti*, 1592, *in-fol. fig. Vélin.*

Édition originale.

287. Vraye Description de trois voyages de mer en trois ans, par G. Lever. *Amsterd.*, 1598, *in-fol. fig. v. br.*

288. Relation de divers voyages curieux, par Thevenot. *Paris*, 1663, 4 *tomes en* 2 *vol. in-fol. fig. v. br.*

289. A Voyage round the World in the years 1719-1722, by J. Shelvocke. *London*, 1726, *in*-8. *fig. v. m.*

290. A Voyage round the World by G. Anson. *London*, 1780, *in*-8. *fig. v. j.*

291. Les trois Voyages du capitaine Cook, et sa Vie, par Kippis. *Paris*, 1774, 16 *vol. in*-4. *fig. v. éc. fil.*

292. Atlas du 2ᵉ voyage de Cook, *in*-4. *dem. rel.*

293. Voyage au cap de Bonne-Espérance et autour du Monde, par A. Sparrman, trad. par Le Tourneur. *Paris*, 1787, 3 *vol.* in-8. *fig. dem. rel.*

294. Voyage de La Pérouse autour du Monde, et Relation du voyage à sa recherche, par M. Milet-Murreau. *Paris*, 1800-1807, 6 *vol. in*-8. *et les deux atlas gr. in-fol. dem. rel.*

295. Promenade autour du Monde en 1817-1820, par M. Arago. *Paris*, 1822, 2 *vol. in*-8. *et atlas in*-4. *dem. rel.*

296. Voyage de Néarque, des bouches de l'Indus jusqu'à l'Euphrate, trad. de l'angl. de W. Vincent, par M. Billecocq. *Paris*, 1800, 3 *vol. in*-8. *fig. dem. rel.*

297. Voyage du Bengale à Pétersbourg, par Forster,

trad. par Langlès. *Paris*, 1802, 3 *vol. in*-8. *fig. dem. rel.*

298. Voyages d'Ali bey el Abbassi en Afrique et en Asie, de 1803 à 1807. *Paris, Didot l'aîné*, 1814, 3 *vol. in*-8. *et atlas in-fol. dem. rel.*

Voyages divers en Europe.

299. Travels in divers parts of Europe, by Edw. Brown. *London*, 1685, *in-fol. fig. v. f.*

300. Guide des Voyageurs en Europe, par Reichard. *Paris*, 1807, 2 *vol. in*-12. *et atlas in*-8. *dem. rel.* = Itinéraire de l'Empire français. 1806. *in*-12. *dem. rel.*

301. Voyage dans les départemens du Midi de la France, par Millin. *Paris*, 1807, 5 *vol in*-8. *et atlas in*-4. *cart.*

302. Voyage dans la Vendée et dans le Midi de la France, par M. Eugène Genoude. *Paris*, 1821, *in*-8. *cart.* = Un mois de séjour dans les Pyrénées, par M. Azaïs. *Paris*, 1809, *in*-8. *fig. dem. r.*

303. Voyage dans une partie des Landes de Lot-et-Garonne et de la Gironde, par de Saint-Amans. *Agen*, 1818, *in*-8. *fig. dem. rel.*

304. Voyages d'Italie et de Hollande, par Coger. *Paris*, 1775, 2 *vol. in*-12. *v. m.* = Souvenirs d'un Voyage en Italie, par Kotzebue. *Paris*, 1806, 2 *vol. in*-12. *dem. rel.*

305. Travels in two Sicilies, by H. Swinburne. *London*, 1783, *gr. in*-4. *fig. dent. Vél. tome* 1er.

306. Travels through Spain in the years 1775 and 1776, by H. Swinburne. *London*, 1779, 2 *vol. in*-4. *fig. dem. rel.*

307. Voyage en Espagne, par de Langle. *Paris*,

1803, *in*-8. *dem. rel.* = Guide du Voyageur en Espagne, par M. Bory de Saint-Vincent. *Paris*, 1823, *in*-8. *fig. dem. rel.*

308. Voyage en Portugal en 1789 et 1790, par J. Murphy. *Paris*, 1797, *in*-4. *fig. dem. rel.*

309. Guide des Voyageurs dans les Pays-Bas. *Bruxelles*, 1820, *in*-12. *dem. rel.*

310. Souvenirs de la Belgique, par Mlle Le Normand. *Paris*, 1822, *in*-8. *fig. br.*

311. Journal d'un Voyage au Nord en 1736 et 1737, par Outhier. *Paris*, 1744, *in*-4. *fig. v. m.*

312. Voyages et Découvertes faites par les Russes dans la mer Glaciale, trad. de l'allem. de Muller, par Dumas. *Paris*, 1768, 2 *tom. en* 1 *vol. in*-12. *fig. v. m.*

313. Voyage en Pologne, Russie, Suède, Danemarck, etc., par William Coxe, trad. de l'angl. par Mallet. *Genève*, 1786, 4 *vol. in*-8. *fig. dem. rel.*

314. Voyages de Pallas en Russie et dans l'Asie septentrionale. *Paris*, 1789, 5 *vol. in*-4. *et atlas in-fol. dem. rel.*

315. Souvenirs de mes Voyages en Angleterre, par Meister. *Paris*, 1793, 2 *vol. in*-8. *cart. Pap. Vél.*

316. Itinerarium Septentrionalis or a Journey through Scotland and north of England, by Al. Gordon. *London*, 1726, *in-fol. fig. v. ant.*

317. A Tour in Scotland and Voyage to the Hebrides, by Pennant. *London*, 1776, 3 *vol. in*-4. *fig. dem. rel.*

318. Voyage en Dalmatie, par Fortis. *Berne*, 1778, 2 *tom. en* 1 *vol. in*-8. *fig. dem. rel.*

319. Voyages de Villamont en Italie, Grèce et Egypte, etc. *Paris*, 1602, *in*-8. *vél.*

320. Voyage en Grèce et en Turquie, par Sonnini. *Paris*, 1801, 2 *vol. in*-8. *et atlas in*-4. *dem. rel.*

321. Mémoires historiques et géographique de la Morée, par Coronelli. *Amsterd.*, 1686, *in*-12. *fig. vél.*

322. Relation d'un Voyage de Constantinople, par Grelot. *Paris*, 1680, *in*-4. *fig. v. br.*

323. Voyage en Crimée et sur les bords de la mer Noire en 1803, par Reuilly. *Paris*, 1806, *in*-8. *dem. rel.*

324. Essai historique sur le Commerce et la Navigation de la mer Noire. *Paris*, 1805, *in*-8 *fig. dem. rel.* = Géographie physique de la mer Noire, de l'intérieur de l'Afrique et de la Méditerranée, par M. Dureau de La-malle. *Paris*, 1807, *in*-8. *fig. dem. rel.*

Voyages en Asie.

325. Voyages en Asie dans les xiie, xiiie, xive et xve siècles, rec. par P. Bergeron. *La Haye*, 1735, 2 *tom. en* 1 *vol. gr. in*-4. *fi. v. f. f.*

326. Voyages de Chardin en Perse. *Amsterdam*, 1711, 3 *vol. in*-4. *fig. v. br.*

327. Voyages en Moscovie, Tartarie et Perse, etc., par Adam Olearius, trad. par de Wicquefort. *Amsterdam*, 1727, 2 *vol. in-fol. fig. vol. br.*

328. Voyage dans l'Empire ottoman, l'Egypte et la Perse, par Olivier. *Paris*, 1801, 6 *vol. in*-8. *et atlas in-fol. dem. rel.*

329. Voyage chez les Mahrattes, par Tone, trad. de l'angl. par Langlès. *Paris*, 1820, *in*-18. *fig. dor. de v.*

330. Voyages et Mémoires de Benyouski. *Paris*, 1791, 2 *vol. in-8. bas.*

331. Voyage de la Propontide et du Pont-Euxin, par M. Lechevalier. *Paris*, 1800, 2 *vol. in-8. fig. dem. rel.*

332. Voyage à la Troade, en 1785 et 1786, par M. Lechevalier. *Paris*, 1802, 3 *vol. in-8. et atlas in-4. dem. rel.*

333. Voyage d'Alep à Jérusalem, en 1697, par H. Maundrell. *Paris*, 1706, *in-12. fig. v. m.*

334. Voyage sur les côtes de l'Arabie heureuse, par H. Rooke. *Paris*, 1788, *in-8. baz.*

335. Voyage en Arabie, par C. Niebuhr. *Amsterdam*, 1776, 2 *vol. in-4. fig. v. j.*

336. Description de l'Arabie, par Niebuhr. *Paris*, 1779, 2 *vol. in-4. fig. bas.*

337. Voyage en Arménie et en Perse, par M. Amédée Jaubert. *Paris*, 1821, *in-8. fig. dem. rel.*

338. Les quatre premiers livres des Navigations orientales de Nicolay. *Lyon, Roville*, 1568, *in-fol. fig. v. br.*

339. Histoire de la Navigation aux Indes orientales par les Hollandais. *Amsterdam*, 1598, 3 *parties en* 1 *vol. in-fol. fig. vélin.*

340. Histoire de la Navigation de J. Hugues de Linschot aux Indes orientales. *Amsterdam*, 1619, 3 *parties en* 1 *vol. in-fol. fig. v. br.*

341. Les deux dernières Navigations faites aux Indes, par G. Spilberge et par J. Le Maire. *Amsterdam*, 1621, *in-4. oblong fig. parch.*

342. Voyages en Perse et aux Indes orientales, et Voyage au Levant, par C. Le Brun. *Amsterdam et Delft.*, 1700 *et* 1718, 3 *vol. in-fol. fig. v. br.*

343. Voyages de Thunberg au Japon, traduits par Langlès. *Paris*, 1796, 4 *vol. in-8. fig. dem. rel.*

344. Voyage à l'île de Ceylan, en 1797 à 1800, par Percival, trad. de l'angl. par Henry. *Paris*, 1803, 2 *vol. in-8. fig. dem. rel.*

345. Voyage aux Indes et à la Chine, par Sonnerat. *Paris*, 1782, 2 *vol. in-4. fig. dem. rel.*

346. Voyages de la Chine à la côte Nord-ouest d'Amérique, par Meares, trad. de l'anglais par M. Billecocq. *Paris*, 1795, 3 *vol. in-8. atlas in-4. dem. rel.*

347. Relation de l'Ambassade anglaise envoyée en 1795 dans le royaume d'Ava, par M. Symes, trad. de l'angl. par Castera. *Paris*, 1800, 3 *vol. in-8. et atlas in-4. dem. rel.*

348. An authentic Account of an Embassy to the emperor of China, by G. Staunton. *London*, 1797, 2 *vol. gr. in-4. et atlas gr. in-fol. dem. rel.*

349. An historical Account of the Embassy to the emperor of China, by G. Staunton. *London*, 1797, *in-8. fig. Pap. Vélin. dem. rel.*

350. Atlas Chinensis being a second part of a Relation of two embassies to Emperor of China, by J. Ogilby. *London*, 1671, *in-fol. fig. v. m.*

351. Voyage en Chine de lord Macartney, par J. Barrow, trad. par Castera. *Paris*, 1805, 3 *vol. in-8. et atlas dem. rel. in-4.*

352. Histoire des Navigations aux Terres Australes par De Brosses, avec supplément. *Paris*, 1756, 2 *vol. in-4. v. m. Gr. Pap. fig. et cartes.*

353. Voyage et Découvertes aux Terres Australes par Péron, partie historique. *Paris*, 1807, 1 *vol. in-4. et atlas dem. rel.*

Voyages en Afrique.

354 Relation d'un Voyage en Afrique en 1666, par Roland Frejus. *Paris*, 1670, *in*-12 *v. br.*

355. Relation d'un Voyage en 1695-1697, aux côtes d'Afrique, par Froger. *Paris*, 1699, *in*-12. *fig. v. br.*

356. Relation d'un Voyage en Égypte en 1672 et 1673, par Vansleb. *Paris*, 1677, *in*-12. *v. br.*

357. Relation de l'Afrique occidentale, par Labat. *Paris*, 1728, 5 *vol. in*-12. *fig. v. m.*

358. Voyage de Le Vaillant, en Afrique, par le cap de Bonne-Espérance. *Paris*, 1790, 2 *vol. in*-8. *fig. dem. rel.*

359. Voyage dans l'intérieur de l'Afrique, par Mungo-Park, trad. de l'angl. par Castera. *Paris*, 1800, 3 *vol. in*-8. *fig. dem. rel.*

360. Fragmens d'un Voyage en Afrique, par Golberry. *Paris*, 1802, 2 *vol. in*-8. *fig. dem. rel.*

361. Voyage de Hornemann dans l'Afrique septentrionale, trad. par Langlès. *Paris*, 1803, 2 *vol. in*-8. *fig. dem. rel.*

362. Naufrage du brick français *la Sophie* sur les côtes occidentales de l'Afrique, par Ch. Cochelet. *Paris*, 1821, 2 *vol. in*-8. *fig. dem. rel.*

363. Voyage à la mer Rouge, par Irwin, trad. de l'angl. par Parraud. *Paris*, 1792, 2 *vol. in*-8. *fig. bas.*

364. Voyage en Syrie et en Égypte, par Volney. *Paris*, 1787, 2 *vol. in*-8. *fig. dem. rel.*

365. Voyage dans l'Égypte, la Syrie et le Dar-four, par Browne, trad. de l'angl. par Castera. *Paris*, 1800, 2 *vol. in*-8. *fig. dem. rel.*

366. Voyage dans la Basse et Haute-Égypte, par Denon. *Paris*, 1802, 2 *vol. gr. in-fol. atlantico. fig. dem. rel. non. rogné.*

367. Voyage dans la Basse et Haute-Égypte, par Denon. *Paris*, 1803, 3 *vol. in*-12, *dem. rel.*

368. Voyage d'Egypte et de Nubie, par Fr. L. Norden, publ. par Langlès. *Paris*, 1795, 3 *vol. in*-4. *fig. et cartes, dos de veau.*

369. Voyage en Nubie et en Abyssinie, par Bruce, trad. par Castera. *Paris*, 1790. 5 *vol. in*-4. *fig. et cartes. v. j. f. tr. dor.*

370. A Journey to Mequinez the residence of the emperor of Morocco, by Windul. *London*, 1725, *in*-8. *fig. v. ant.*

371. A Tour from Gibraltar to Morocco, by Lempriere. *London*, 1791, *in*-8. *fig. éc.*

372. Voyage dans l'Empire de Maroc, en 1791, par J. Potocki. *Varsovie*, 1792, *in*-12. *maroq. vert.*

373. Voyage au Sénégal, par Durand. *Paris*, 1802, 2 *vol. et atlas in*-4. *dem. rel.*

374. Voyage en Guinée et dans les îles Caraïbes, en Amérique, par Erdman Isert. *Paris*, 1793, *in*-8. *fig. dem. rel.*

Voyages en Amérique.

375. Relation du Voyage de la mer du Sud aux côtes du Chili et du Pérou, par Frezier. *Paris*, 1716, *in*-4. *fig. v. j. f.* = Réponse à la Préface du P. Feuillée sur ce voyage. *Paris*, 1727, *in*-4. *dem. rel.*

376. Nouveau Voyage à la mer du Sud, par Marion et Du Clesmeux. *Paris*, 1783, *in*-8. *fig. dem. rel.*

377. Relation des îles Pelew, trad. de l'angl. de G. Keate. *Paris*, 1788, 2 *vol. in*-8. *fig. dem. rel.*

378. Voyage aux Moluques et à la Nouvelle-Guinée, et 1774-1776, par Forrest. *Paris*, 1780, *in-4. fig. v. m.*

379. A Journal of a Voyage to the South Seas, by Sydney Parkinson. *London*, 1773, *pet. in-fol. fig. v. f. f.*

380. Relation abrégée d'un Voyage de l'Amérique méridionale, par de La Condamine. *Paris*, 1745. Lettre sur l'émeute populaire de Cuença, au Pérou, en 1739. 1746, *in.8. mar. vert.*

381. Histoire d'un Voyage fait au Brésil, par J. de Lery. 1678, *in-8. v. m.*

382. Voyage de la France équinoxiale en l'isle de Cayenne, par A. Biet. *Paris*, 1664, *in-4. v. br.*
Avec un vocabulaire de la langue des sauvages Salibis.

383. Journal historique du Voyage fait dans le golfe Mexique, pour trouver l'embouchure du Mississipi, par Jontel. *Paris*, 1713, *in-12. fig. v. br.*

384. Voyage de la Baye de Hudson, par Ellis. *Paris*, 1749, 2 *vol. in-12. fig. v. m.*

385. Voyage de Mackensie dans l'Amérique septentrionale, trad. de l'angl. par Castera. *Paris*, 1802, 3 *vol. in-8. fig. dem., rel.*

386. Les Voyages de Thomas Gage dans la nouvelle Espagne. *Amsterdam*, 1721, 2 *vol. in-12. fig. bas.*

387. Voyage au Canada, par Isaac Weld. *Paris*, 1800, 3 *vol. in-8. fig. dem. rel.*

388. Travels into north America, by Kalm, translated into english Forster. *Warrington*, 1770, 3 *vol. in-8. fig. v. m. f.*

389. Travels through the parts of north America, by Carver. *London*, 1781, *in-8. dem. rel. fig. col.*

390. Voyage à Botany-Bay. *Paris*, 1791, *in-8. dem. rel.*

391. Voyage dans la Haute-Pensylvanie et dans l'étât de New-York (par Crèvecœur). *Paris*, 1801, 3 *vol. in-8. dem. rel.*

392. Nouveau Voyage d'un pays plus grand que l'Europe, par Hennepin. *Utrecht*, 1698, *in-18. fig. v. j.*

Topographies, Voyages et Vues pittoresques.

393. Recueil de quelques vues, sites et monumens de Normandie, par M. E.-H. Langlois, *Paris*, 1re *livraison avec* 16 *planches in-4. br.*

394. Voyage pittoresque de Naples et de Sicile, par de Saint-Non. *Paris*, 1781, 5 *vol. gr. in-fol. fig. v. m. f. tr. dor.*

395. Voyage pittoresque et historique de l'Istrie et de la Dalmatie, par. J. Lavallée. *Paris*, 1802, 2 *vol. in-fol. dem. rel.*

396. Voyage pittoresque en Espagne, en Portugal, et sur les côtes d'Afrique, par M. Taylor. *Paris*, 1826, *livraisons* 1 *et* 2. *in-4. fig. Pap. Vél.*

397. Denmark delineated, or Sketches of the present state of that country, by Andersen Keldborg. *Edimburg*, 1824, *gr. in-8. fig. et fac simile, cart. Pap. Vél.*

398. Picturesque antiquities of Scotland etched by Adam de Cardonnel. *London*, 1788, 3 *vol. in-4. fig. dos de maroq. vert.*

399. Voyage pittoresque de la Syrie, de la Phœnicie, de la Palestine et de la Basse-Égypte, par M. Cassas. *Paris*, 1799. 1 *vol. de texte et* 3 *de pl. in-fol. fig. dem. rel.*

400. Select Wiews of Misore, by M. Home. *London*, 1794, *pet. in-fol. fig. dem. rel.*

401. Vues et Paysages des régions équinoxiales, par L. Choris. *Paris*, 1826, *livr.* 1 *à* 3, *in-fol. pl. color.*

Chronologie et Histoire universelle, Histoire des Religions, etc.

402. Tablettes chronolgiques de l'Histoire universelle, par Lenglet du Fresnoy. *Paris*, 1778, 2 *vol. pet. in-8. bas*

403. Les Fastes universels, par Buret de Longchamps. *Bruxelles*, 1823, 7 *vol. in-8. dem. rel.*

404. Abrégé de l'Histoire universelle, par Roustau. *Paris*, 1790, 9 *vol. in-12. bas.*

Le tome Ier br.

405. Journal de Paris, 1777 à septembre 1797. 40 *vol in-4. dem. rel.*

406. La Terre-Sainte, ou Description topographique des Saints-Lieux, par Roger. *Paris*, 1646, *in-4. fig. v. f. l. r. gr. pap.*

407. De l'Esprit des Religions, par M. Al. Dumesnil. *Paris*, 1810, *in-8. dem. rel.*

408. Histoire critique de la Créance et des Coutumes des nations du Levant, par de Moni (Richard Simon.). *Francfort*, 1684, *in-12. v. br.*

409. Les Ruines, par Volney. *Paris*, 1791, *in-8. fig. dem. rel.*

410. Monumens historiques relatifs à la condamnation des chevaliers du Temple, par M. Raynouard. *Paris*, 1813, *in-8. dem. rel.*

411. La Monarchie des Solypses, par Scotti, trad. du lat. par P. Restaut, publiée par M. Hénin de Cuvillers. *Paris*, 1824, *in-8. dem. rel.*

412. Vie de Scipion de Ricci, par de Potter. *Brux.*, 1825, 3 *vol. in-8. br.*
Édition originale.

Histoire Ancienne, Grecque et Romaine.

413. Recherches philosophiques sur les Égyptiens, les Chinois, les Grecs et les Américains, par de Pauw. *Berlin*, 1771, 9 *vol. in-12. veau.*

414. A Dissertation on the origin and progress of the Scythians or Goths, by J. Pinckerton. *London*, 1787, *in-8. dem. rel.* = Histoire de la Monarchie des Goths, en Italie, par M. Naudet. *Paris*, 1811, *in-8. dem. rel.*

415. Pausanias, ou Voyage historique de la Grèce, trad. par Poncelin. *Paris*, 1797, 4 *vol. in-8. fig. bas. f.*
Manque le titre au premier volume.

416. Les Histoires d'Hérodote, trad. par Du Ryer. *Paris*, 1713, 3 *vol. in-12, v. br.*

417. L'Histoire de Thucydide de la Guerre du Péloponèse, trad. par Perrot d'Ablancourt. *Paris*, 1714, 3 *vol. in-12. v. br.*

418. La Cyropédie, trad. du Grec de Xénophon, par Dacier. *Paris*, 1777, 2 *vol. in-12. bas.*

419. Histoire d'Alexandre, par Quinte-Curce, trad. par Beauzée. *Paris*, 1789, 2 *vol. in-12. bas.*

420. Voyage du jeune Anacharsis en Grèce, par Barthélemy. *Paris*, 1789, 7 *vol. in-8. et atlas in-4. bas. f.*

421. Lettres Athéniennes, par Villeterque. *Paris*, 1803, 3 *vol. in-8. dem. rel.*

422. Les Antiquités romaines de Denis d'Halicarnasse, trad. (avec des Remarques par Bellanger). *Paris*, 1723, 2 *vol. in-4. fig. v. br.*

423. Histoire Romaine de Tite-Live, trad. en franç. par Guérin. *Paris*, 1770, 10 *vol. in*-12. *v. m.*

424. Abrégé de l'Histoire Romaine de Florus et de Velleius Paterculus, trad. par Paul. *Paris*, 1774, 2 *vol. in*-12. *bas.*

425. Traduction de Salluste, avec le texte, par Dotteville. *Paris*, 1769, *in*-12, *v. m.*

426. Les Histoires de Polybe, trad. par Duryer. *Paris*, 1670, 3 *vol. in*-12. *v. br.* = Les Histoires d'Hérodote, trad. par le même. *Paris*, 1713, 3 *vol. in*-12. *fig. v. br.*

427. Œuvres de Salluste, trad. par Dureau Delamalle. *Paris*, 1808, *in*-8. *dem. rel. Pap. Vél.*

428. Tacite, trad. par Dureau Delamalle. *Paris*, 1790, 3 *vol. in*-8. *dem. rel.*

429. Les Commentaires de César, trad. par de Wailly. *Amsterdam*, 1763, 2 *vol. in*-12., *avec cartes*, *bas.*

430. Les Commentaires de César, trad. par Le Déist de Botidoux. *Paris*, 1809, 5 *vol. in*-8. *dem. rel.*

431. Guerre des Gaules, trad. des Commentaires de César, par Théoph. Berlier. *Paris*, 1825, *in*-8. *br.*

432. Histoire de Dion Cassius, abrégée par Xiphilin, trad. du grec (par Dubois de Guillebert). *Paris*, 1674, 2 *vol. in*-12. *v. br.*

433. Ammien Marcellin, trad. en franç. (par Moulines). *Lyon*, 1778, 3 *vol. in*-12. *bas.*

434. Histoire de la Décadence et de la Chute de l'Empire romain, trad. de l'angl. de Gibbon, par M. Guizot. *Paris*, 1812, 13 *vol. in*-8. *dem. rel.*

435. Élémens de l'Histoire Romaine, par Mentelle.

Paris, 1773, 2 *vol. in-12. fig. dem. rel.* = Précis de l'Hist. des Hébreux, par le même, 1798, *in-12. cart.*

436. Explication abrégée des Coutumes et Cérémonies observées chez les Romains, trad. du lat. de Nieupoort par Desfontaines. *Paris*, 1790, *in-12. bas.* = Mœurs et Coutumes des Romains, par Bridault. *Paris*, 1754, *in-12. v. m.*

437. Figures de l'Histoire de la République romaine, par Mirys. *Paris*, 1800, *in-4. Pap. Vél. v. rac. tr. dor. dent.* 180 *pl.*

438. Histoire des Révolutions romaines, de Suède et de Portugal, par Vertot. *Paris*, 1786. 6 *vol. in-12. reliés.*

439. Révolutions romaines, de Suède et de Portugal, par Vertot. 1806. Conjuration des Espagnols et des Gracques, par Saint-Réal. 1803, *Stéréotype de Didot*, 8 *vol. in-18. v. r. dent.*

440. Histoire de l'Empire d'Occident, par Cousin. *Paris*, 1684. 2 *vol. in-12. v. br.*

441. Histoire des Croisades, par M. Michaud. *Paris*, 1825. *Tom* 1 *et* 2. *in-8. br.*

Histoire générale et particulière de France.

442. Notice de l'ancienne Gaule, par d'Anville. *Paris*, 1760, *in-4. v. f. f. avec la carte.*

443. Eclaircissemens géogr. sur l'anc. Gaule, et Traité des mesures itinér. des Romains et des Gaulois, par d'Anville. *Paris*, 1741, *in-12. fig. v. m.*

444. Précis historique de l'ancienne Gaule, par Th. Berlier. *Bruxelles*, 1822, *in-8. br.*

445. Recueil des Antiquités gauloises et françoises,

(par Cl. Fauchet). *Paris*, *Dupuys*, 1579, *in-4. parchemin.*

446. Les Mœurs et Coutumes des Français dans les premiers temps de la monarchie, par Le Gendre. *Paris*, 1753, *in-12. bas.*

447. Histoire de la Vie privée des Français, par par Le Grand d'Aussy. *Paris*, 1782, 3 *vol. in-8. dem. rel.*

348. L'Histoire française de Saint-Grégoire de Tours, trad. du latin (par Bonnet.) *Paris*, 1610, *in-8. v. m.*

449. Essais historiq. sur les mœurs des Français. Epitome de l'Hist. des Francs. = Rec. de lettres écrites sous la première race de nos Rois, etc., par de Sauvigny. *Paris*, 1785=1786, 5 *vol. in-4. cart. fig. en couleurs.*

450. Antiquités nationales, par Millin. *Paris*, 1790, 5 *vol. in-4. fig. v. éc. f.*

451. Musée des Monumens français, par Al. Lenoir. *Paris*, 1800, 7 *vol. in-8. fig. dem. rel.*

452. La France ancienne et moderne, par M. A. Carel. *Paris*, 1820, 2 *vol. in-8. maroq. vert. dent. Pap. Vélin.*

453. Instruction sur l'histoire de France, par Le Ragois. *Paris*, 1806, 2 *vol. in-12. dem. rel.*

454. Histoire de France, par Choisy. *Paris*, 1750, 4 *vol. in-12. v. m.*

455. Abrégé chronologique de l'Histoire de France, par Hénault. *Rouen*, 1789, 5 *vol. petit in-8. bas. fil.*

456. Élémens de l'histoire de France, par Millot. *Paris*, 1806, 4 *vol. in-12. bas.*

457. Histoire de France, abrégée et chronolo-

gique, par Chantreau. *Paris*, 1808, 2 *vol. in*-8. *dem. rel.*

458. Mémoires et anecdotes des Reines et Régentes de France, par Dreux de Radier. *Amsterdam*, 1776, 6 *vol. in*-12. *dem. rel.*

459. Histoire des Français, par Simonde de Sismondi. *Paris*, 1821, 9 *vol. in*-8., 6 *vol. en dem. rel. et* 3 *br.*

460. Collection de Mémoires relatifs à l'histoire de France, jusqu'au XIIIe siècle, par M. Guizot. *Paris*, 1824, 28 *vol. in*-8., 20 *vol. dem. rel. et* 8 *br.*

461. Collection des Chroniques françaises du XIIIe au XVIe siècle, par M. Buchon. *Paris*, 26 *vol. in*-8., 19 *dem. rel.*, 16 *br.*

462. Clovis-le-Grand, premier Roi chrétien, par Viallon. *Paris*, 1788, *in*-12. *fig. v. m.*

463. Eginhartus, de vitâ et gestis Caroli Magni, curante J. H. Scheninckio. *Trajecti ad Rheum*, 1740, *in*-4. *dem. rel.*

464. Conjuration d'Étienne Marcel contre l'Autorité royale, ou Histoire des États-Généraux de la France, de 1355 à 1358, par M. J. Naudet. *Paris*, 1823, *in*-8. *dem. rel.*

465. Mémoires pour servir à l'histoire de France, depuis 1515 jusqu'à 1611, par de Létoile. *Cologne*, 1719, 2 *vol. in*-8. *fig. v. br.*

466. Histoire de Saint-Louis, par Joinville. *Paris*, 1668, *in-fol. v. br.*

467. Histoire de Saint-Louis, par Joinville, et les Annales de son règne, par G. de Nangis. *Paris*, 1761, *in-fol. v. m.*

468. — Le même ouvrage, 1761, *in-fol. v. f.*

469. Louis XII et François Ier, par P. L. Roederer. *Paris*, 1825, 2 *vol. in*-8. *dem. rel.*

470. Quarante Tableaux ou Histoires diverses touchant les guerres, massacres et troubles et la Ligue, gravées sur bois par Perissim et Tortorel, 1570. *in-fol.* 42 *planches doublées et encadrées.*

471. Recueil de diverses pièces servant à l'histoire de Henri III, par Jac. Le Duchat. *Cologne, P. Du Marteau, à la Sphère*, 1693, *pet. in*-12. *v. br.*

472. Satyre Menippée; de la vertu du Catholicon d'Espagne. *Ratisbonne, Kerner*, 1711, 3 *vol. in*-8. *fig. v. f. f.*

473. Mémoires de Sully, mis en ordre par de L'Écluse. *Londres*, 1778, 8 *vol. in*-12. *v. m.*

474. Madame de Maintenon, peinte par elle-même, par madame Suard. *Paris*, 1810, *in*-8. *dem. rel.*

475. Mémoires de Madame Du Hausset, femme-de-chambre de madame de Pompadour. *Paris*, 1824, *in*-8. *dem. rel.*

476. Mémoires du Duc de Choiseul, publiés par Soulavie. *Chanteloup*, 1790, 2 *vol. dem. rel.*

Histoire de France, depuis 1789 *jusqu'à nos jours.*

477. Tableaux historiques de la Révolution française. *Paris, Didot, A.*, 1798, 4 *vol. in-fol. fig.* (*anc. épreuves*), *avec les portraits, Vélin vert.*

478. Les mêmes Tableaux de la Révolution franç. in-fol. livraisons 1 à 63. *In-fol. fig. br.*

479. — Autre Ex. *In-fol. fig. br. en cahier, avec des lagunes.*

480. Situation de la France, par Bailleul. *Paris*, 1819, *in*-8. *dem. rel.*

481. Examen critique des Considérations de madame de Staël, sur la Révolution française, par Bailleul. *Paris*, 1822, 2 *vol. in*-8. *dem. rel.*

482. Esquisses historiques des principaux événemens de la Révolution franç., par M. Dulaure. *Paris*, 1823, 34 *liv. in*-8. *fig. br.*

483. Histoire de Napoléon et de la Grande Armée, en 1812, par M. le comte de Ségur. *Paris*, 1825, 2 *vol. in*-8. *fig. dem. rel. et portraits.*

484. Mémoires pour servir à l'histoire de France, en 1815. *Paris*, 1820, *in*-8. *dem. rel.*

485. Mémoires pour servir à l'histoire de la vie privée, du retour et du règne de Napoléon, en 1815, par M. Fleury de Chaboulon. *Londres*, 1820, 2 *vol. in*-8. *dem. rel.*

486. Manuscrit venu de Saint-Hélène, d'une manière inconnue. *Londres*, 1817, *in*-8. *dem. rel.*

487. Letters from the cape of Good Hope in reply to M. Warden, with extracts from the great work now compiling for publication under the inspection of Napoleon, (by O'Meara). *London.* 1817, *in*-8. *dem. rel.*

488. Manuscrit de l'île d'Elbe. Des Bourbons, en 1815, par M. le comte de Montholon). *Londres*, 1820, *in*-8. *cart.*

489. Manuscrit venu de Saint-Hélène d'une manière inconnue, 6e *édit. Londres*, 1817, *in*-8. *Pap. Vél. maroq. bleu dent. doublé de tabis. rel. anglaise.*

490. Documens particuliers sur Napoléon Bonaparte, sur plusieurs de ses actes, etc. par O'Meara. *Bruxelles*, 1819, *in*-8. *dem. rel.*

491. Recueil de Pièces officielles et de Documens authentiques concernant le Prisonnier de Ste.-

Hélène. *Bruxelles*, 1819, 3 *parties en* 1 *vol. in*-8. *dem. rel.*

492. Histoire d'un Cheval de Napoléon, écrite sous la dictée, par un cultivateur français, par de Chaulaire. *Paris*, 1826, *in*-8. *fig. br.*

493. Napoléon en exil, ou l'Echo de Sainte-Hélène, par O'Meara. *Bruxelles*, 1822, 2 *vol. in*-8. *fig. dem. rel.*

494. Mémorial de Sainte-Hélène, par le comte de Las Cases. *Bruxelles*, 1822, 8 *vol. in*-8. *dem. rel.*

495. Vues de Sainte-Hélène, mentionnées au Mémorial de M. de Las Cases. *Paris*, 5 *pl. in-fol. sur Pap. de Chine.*

496. Vie politique et militaire de Napoléon, par M. Arnault. *Paris*, 1822, *livr.* 1 *à* 32. *grand in-fol. fig. Pap. Vélin.*

Histoire des Départemens et Villes de France.

497. Description des Antiquités des plus célèbres villes et châteaux de France, par Desrues. *Constances*, 1608, *pet. in*-12. *v. f. f.*

498. Histoire générale et particulière de Bourgogne, par Plancher. *Dijon*, 1739, 4 *vol. in-fol. bas.*

499. Histoire des ducs de Bourgogne, par M. de Barante. *Paris*, 1824, *tom.* 1 *à* 4. *in*-8. *dem. rel. tom.* 5, 6, 7 *et* 11. *br. atlas. livr.* 1 *et* 2.

500. Recherches historiques sur la Bretagne, d'après ses Monumens, par M. Maudet de Penhouët, 1re part. *Nantes*, 1814, *in*-4. *fig. br.*

501. Histoire abrégé des Antiquités de Nîmes, par Maucomble. *Nimes*, 1789, *in*-12. *fig. dem. rel.*

502. Le Hâvre ancien et moderne, et ses environs,

par M. Morlent. *Au Hâvre*, 1825, 2 *vol. in*-12. *fig. br.*

503. Les Fastes, Antiquités et choses plus remarquables de Paris, par P. Bonfons. *Paris*, 1607, *in*-8. *fig. v. m.*

504. Essais historiques sur Paris, par Saint-Foix. *Paris*, 1766, 7 *vol. in*-12. *v. br.*

505. Tableau historique et pittoresque de Paris, par M. de Saint-Victor. *Paris*, 1808-1811, 3 *vol. gr. in*-4. *gr. raisin. fig. cart.*

506. Histoire physique, civile et morale de Paris, par M. Dulaure. *Paris*, 1821, 8 *vol. in*-8. *fig. dos de maroq. v.*

507. Notice sur l'Incendie de la cathédrale de Rouen, par Langlois. = Mémoire sur la peinture sur verre et sur quelques vitraux remarquables des églises de Rouen, par le même. *Rouen*, 1823, 2 *tom. en* 1 *vol. in*-8. *fig. dem. rel. gr. Pap. Vélin.*

Histoire de Suisse, d'Italie, d'Espagne et de Portugal.

508. Lettres de W. Coxe à ***, sur l'état politique, civil et naturel de la Suisse. *Paris*, 1781, 2 *vol. in*-8. *bas.*

509. Raguagli di Cipro, di Luca Assarino. *In Bologna*, 1643, *in*-16. *v. éc. f.*

510. Histoire de la Guerre de Chypre, trad. du latin de Gratiani, par Lepelletier. *Paris*, 1685, *in*-4. *v. br.*

511. Rome, Naples et Florence en 1817, par M. de Stendhal. *Paris*, 1817, *in*-8. *br.*

512. Histoire du Règne de Philippe II, roi d'Es-

pagne, par Waston (trad. par Mirabeau). *Amsterdam*, 1778, 4 *vol. in-12. bas.*

513. Letters written during a short residence in Spain and Portugal, by Robert Southey. *Bristol*, 1799, *in-8. dem. rel.*

Histoire d'Angleterre.

514. The Chronicle of England, from the arrival of Jul Cæsar to the Saxon heptarchy, by Joseph Strutt. *London*, 1777-1778, 2 *vol. gr. in-4. fig. v. m. tr. dor.*

515. Histoire de la Conquête de l'Angleterre, par les Normands, par M. Thierry. *Paris*, 1825, 3 *vol. in-8. dem. rel.*

516. Honda Anzel-Cynnan, a compleat view of the manners, customs, arms, habits, etc. of the inhabitants of England, by Joseph Strutt. *London*, 1775-1776, 3 *vol. gr. in-4. fig. au bistre. Maroq. bl. tabis. tr. dor.*

Ex. de Mirabeau.

517. Angleterre ancienne, ou Tableau de ses Mœurs, etc., trad. de l'angl. de Strutt (par Boulard). *Paris*, 1789, 2 *vol. in-4. fig. au bistre. dem. rel.*

518. The regal and ecclesiastical Antiquities of England, by Jos. Strutt. *London*, 1777, *gr. in-4. fig. au bistre. v. m. f. tr. dor.*

519. Histoire d'Angleterre, d'Écosse et d'Irlande, par Larrey. *Rotterdam*, 1707, 4 *vol. in-fol. fig. v. f. tr. dor.*

520. Histoire d'Angleterre, par Hume, trad. de l'angl. par Mme Bellot et l'abbé Prevost. *Amsterdam*, 1769, 1 *vol. in-12. v. m.*

Histoire d'Allemagne, de Pologne, de Prusse, de Suède, de Russie, des Turcs et de la Grèce moderne.

521. Histoire du règne de Charles-Quint, par Robertson (trad. par Suard). *Paris*, 1771, 6 *vol. in*-12. *v. m.*

522. Histoire de l'Anarchie de Pologne, par Rulhière. *Paris*, 1807, 4 *vol. in*-8. *dem. rel.*

523. Histoire de l'Ambassade dans le Grand Duché de Varsovie, en 1812, par M. de Pradt. *Paris*, 1815, *in*-8. *dem. rel.*

524. Histoire secrète de la Cour de Berlin, par Mirabeau. 1789, 2 *vol. in*-8. *dem. rel.*

525. Histoire du règne de Charles Gustave, roi de Suède, trad. du latin de Pufendorf. *Nuremberg*, 1697, 2 *vol. in-fol. fig. v. m.*

526. Description de toutes les Nations de l'Empire de Russie, par Georgi. *Saint Petersbourg*, 1776, 3 *vol. in*-4. *dem. rel. fig. color.*

527. Tableau de l'Empire de Russie, par Damaze de Raymond. *Paris*, 1812, 2 *vol. in*-8. *fig. dem. rel.*

528. Recherches historiques sur les principales nations de la Sibérie, trad. du russe, par Stollenwerck. *Paris*, 1811, *in*-8. *dem. rel.*

529. Histoire de la Laponie, trad. du lat. de Scheffer, par Cailloué de Varennes. *Paris*, 1678, *in*-4. *fig. v. br.*

530. Histoire de l'état présent de l'Empire Ottoman, par Briot. *Paris*, 1670, *in*-4. *fig. v. br.*

531. Mémoires du baron de Tott, sur les Turcs et

les Tartares. *Amsterdam*, 1785, 2 *vol. in-4. fig. v. éc. fil.*

532. Tableau général de l'Empire Othoman, par Mouradjea d'Ohsson. *Paris*, 1788, 5 *vol. in-8. fig. v. éc. tr. dor.*

533. Tableau de l'Empire Ottoman, par de Mouradjea, tom. 1er des figures seules. *Paris*, 1786, *in-fol. v. éc. tr. dor.*

534. Description des îles de l'Archipel, par O. Dapper. *Amsterdam*, 1703, *in-fol. fig. v. br.*

535. Lettres sur la Grèce et la Morée, par M. Castellan. *Paris*, 1808 *et* 1811, 4 *part. en* 2 *vol. in-8. fig. dem. rel.*

536. Histoire de la régénération de la Grèce, par M. Pouqueville. *Paris*, 1824, 4 *vol. in-8. fig. dem. rel.*

Histoire d'Asie et d'Afrique.

537. Ambassade au Thibet et au Boutan, par Saint-Turner, trad. de l'anglais par Castera. *Paris*, 1800, 2 *vol. in-8. et atlas in-4. dem. rel.*

538. Histoire philosophique et politique des Établissemens et du Commerce des Européens dans les Deux Indes, par Raynal. *Genève*, 1780, 10 *vol. in-8. fig. et atlas in-4. v. éc.*

539. Description historique et géographique de l'Indostan, par Rennell, trad. de l'angl. par Boucheseiche. *Paris*, 1800, 3 *vol. in-8. et atlas in-4. dem. rel.*

540. Description de la Chine, par le P. Du Halde. *Paris*, 1735, 4 *vol. gr. in-fol. fig. v. m. f.*

541. Dessins des édifices, meubles, habits, etc., des Chinois, par Chambers. *Londres*, 1757, *in-fol. fig. v. m.*

542. Miscellaneous pieces relating to the Chinese. *London*, 1762, 2 *tom. en* 1 *vol. pet. in*-8. *fig. v. m.*

543. Recherches historiques sur la connaissance que les Anciens avaient de l'Inde, par Robertson. *Paris*, 1792, *in*-8. *fig. bas.*

544. Histoire du grand Genghizcan, par Petis de La Croix. *Paris*, 1710, *in*-12, *fig. v. f.*

545. Histoire de Gentchiscan et de toute la Dynastie des Mongous, par Gaubil. *Paris*, 1739, *in*-4. *v. f.*

546. Description du royaume de Siam, par de La Loubère. *Amsterd.*, 1714, 2 *vol. in*-12. *fig. v. m.*

547. Histoire de l'île de Ceylan, par Ribeyro, trad. du portugais, par Legrand. *Amsterd.*, 1701, *in*-12. *fig. v. f.*

548. Histoire des îles Marianes, par Legobien. *Paris*, 1700, *in*-12. *fig. v. br.*

549. Description de l'Afrique, par O. Dapper. *Amsterd.*, 1686, *in-fol. fig. v. m. f.*

550. Description du Cap de Bonne-Espérance, tirée des Mémoires de P. Kolbe (par Bertrand). *Amsterd.*, 1743, 3 *vol. in*-12. *fig. v. m.*

551. Histoire généalogique des Tatars. *Leyde*, 1726, *in*-8. *fig. br.*

552. Relation de l'origine et succès des Cherifs et de l'état de Maroc, par D. de Torrès. *Paris*, 1636, *in*-4. *v. br.*

553. Histoire de la domination des Arabes et des Maures en Espagne et en Portugal, par M. de Marlès. *Paris*, 1825, 3 *vol. in*-8. *dem. rel.*

554. Histoire générale de Cypre, Arménie, etc., par Et. de Lusignan. *Paris*, 1613, *in*-4. *parchemin.*

555. Mémoire historiq. sur le royaume de Tunis, par de Saint-Gervais. *Paris*, 1736, *in*-12. *v. br.*

556. Relation de la Captivité et Liberté de d'Aranda, esclave à Alger. *Paris*, 1665, *in*-12. *v. br.*

557. État présent de l'Empire de Maroc, par de Saint-Olon. 1693, *in*-4. *mar. r.*

Manuscrit avec 10 dessins au crayon rouge, représentant les costumes du pays, et une planche gravée.

558. Lettres sur l'Égypte, par Savary. *Paris*, 1786, 3 *vol in*-8. *fig. dem. rel.*

559. Description de l'Égypte, 2e édition. *Paris*, 1820, *planches. livr.* 2 *à* 194. *gr. in-fol.* = Texte, *tomes* 1 *à* 8 *et* 11 *à* 20. 14 *vol. in*-8. *dem. rel. et* 2 *br.*

Histoire d'Amérique, Histoire de la Chevalerie.

560. Mémoires philosophiques, historiques et physiques sur l'Amérique, par Woa. *Paris*, 1787, 2 *vol. in*-8. *v. m.*

561. Mœurs des Sauvages américains, par Lafiteau. *Paris*, 1724, 2 *vol. in*-4. *fig. v. f.*

562. Relation de ce qui s'est passé en Amérique pendant la dernière guerre. *Paris*, 1671, 2 *vol. in*-12. *v. br.*

563. Histoire de la conquête du Pérou, par Aug. de Zarate. *Amsterdam*, 1700, 2 *vol. in*-12. *fig. v. br.* = Histoire de la conquête du Mexique, par de Solis. *Paris*, 1730, 2 *vol. in*-12. *fig. v. m.*

564. Histoire des Incas, par de La Vega. *Amsterd.* 1737, 2 *vol. in*-4. *fig. de Bernard Picard, v. f.*

565. Histoire des découvertes et conquêtes des Portugais dans le Nouveau-Monde, par Lafiteau. *Paris*, 1733, 2 *vol. in*-4. *fig. v. m.*

566. Description géographique de la Guyane, par Bellin. *Paris*, 1763, *in*-4. *fig. dem. rel.*

567. Des Colonies, particulièrement de la Guyane française en 1821, par Saint-Amant. *Paris*, 1822, *in*-8. *br.*

568. Le Mexique en 1823, par Beulloch. *Paris*, 1824, 2 *vol. in*-8. *et atlas in*-4. *dem. rel. fig. col.*

569. Histoire de la Virginie, par Beverley; trad. de l'angl. *Paris*, 1707, *in*-12. *fig. v. br.*

570. Notes on the state of Virginia (by Jefferson). 1782, *in*-8. *v. éc.*

571. Observations sur la Virginie (par Jefferson), trad. de l'angl. *Paris*, 1786, *in*-8. *dem. rel.*

572. The history of the colony of Massachusets-Bay, by Hutchinson, 1760, 2 *vol. in*-8. *dem. rel.*

573. Histoire de la Louisiane, par Le Page du Pratz. *Paris*, 1758, 3 *vol. in*-12. *fig. v. m.*

574. Recherches historiques et politiques sur les Etats-Unis de l'Amérique septentrionale (par Mazzey, publ. par Condorcet.) *Paris*, 1788, 4 *vol. in*-8. *dem. rel.*

575. Mémoires sur l'ancienne Chevalerie, par Lacurne de Sainte-Palaye. *Paris*, 1781, 3 *vol. in*-12. *v. m.*

576. Abrégé chronologique de l'histoire des Ordres de Chevalerie, par Et. Dambreville. *Paris*, 1807, *in*-8. *dem. rel.*

Antiquités. Traités généraux et particuliers, Costumes des anciens.

577. Recueil d'Antiquités, par Caylus. *Paris*, 1761, 7 *vol. in*-4. *fig. v. éc. tr. dor.*

578. Antiquités Etrusques, Grecques et Romaines, gravées par David, avec leurs Explications, par d'Hancarville. *Paris*, 1786, 5 *vol. in*-4. *fig. col. v. éc. f. tr. dor.*

579. Œuvres diverses de Winckelmann (publiées par Jausen). *Paris*, 1789, 8 *vol. in*-8. *fig. bas.*

580. Le Costume de plusieurs peuples de l'Antiquité, par Lens. *Liége*. 1776, *in*-4. *fig. dem. rel.*

581. Choix de Costumes civils et militaires des peuples de l'Antiquité, par M. Willemin. *Paris*, 1798, 3 *vol. in-fol. fig. dos de veau.*

582 Recherches sur les Costumes, les Mœurs et les Usages des anciens peuples, par J. Maillot. *Paris*, 1804, 3 *vol. in*-4. *fig. dem. rel.*

Hiéroglyphes et antiquités de différens pays.

583. Nouvelle explication des Hiéroglyphes, par M. Alex. Lenoir. *Paris*, 1809, 3 *vol. in*-8. *fig. dem. rel.*

584. Recueil d'Antiquités dans les Gaules, par par La Sauvagère. *Paris*, 1770, *in*-4. *fig. v. f. f. tr. dor.*

585. Description des Monumens antiques du midi de la France, par MM. Granjant et Durand. *Paris*, 1819, *in-fol. fig. cart.*

586. Notice historique sur la Tapisserie brodée par la reine Mathilde. *Paris*, 1804, *in*-4. *dem. rel.* 7 *pl.*

587. Essai sur les Antiquités du Nord, et les anciennes Langues septentrionales, par M. Pougens. *Paris*, 1799, *in*-8. *dem. rel.*

588. Mémoires sur diverses antiquités de la Perse, par M. Sylvestre de Sacy. *Paris*, 1793, *in*-4. *fig. v. éc. fil.*

589. La Chine d'Ath. Kirchere, illustrée de plusieurs monumens, avec un dictionnaire chinois, trad. par Dalquié, *Amsterdam*, 1670, *in-fol. fig. v. br.*

590. Monumens anciens et modernes de l'Indos-

tan, décrits sous le double rapport archæologique et pittoresque, par Langlès. *Paris*, 1821, 2 *vol. gr. in-fol. fig.* 144 *pl.*, *cart. à la Bradel*, *non rognés.*

591. Antiquités de la Nubie, par Gau. *Paris, liv.* 1 *à* 12. *très grand in-fol. fig.*

Sculptures, Peintures et Statues, etc.

592. Recueil de Sculptures antiques, par L. S. Adam. *Paris*, *Chereau*, *gr. in-4. br.*

593. Description de la Statue fruste en bronze doré, trouvée à Lillebonne. *Rouen*, 1823, *in*-8. *fig. br.*

594. Description des Pyramides de Ghizé et de la ville du Kaire, par Grobert. *Paris*, 1801, *in*-4. *fig. dem. rel.*

595. Parallèles des plus anciennes Peintures et Sculptures antiques, par Willemin. *Paris, livr.* 1 *à* 3. *in*-4. 18 *pl. color.*

596. Recueils de Vases, Ornemens et Figures tirés de l'antique, et Collection des plus beaux ouvrages de l'antiquité, par Willemin. *In*-4.

597. Recueil de Gravures, d'après des vases grecs antiques tirés du cabinet de M. Hamilton, par Tischbein. *Paris*, 1803, 4 *tom.* 2 *vol. in-fol. cart. avec* 240 *pl.*

598. Peintures de Vases antiques appelés étrusques, par M. Dubois Maisonneuve. *Paris*, 1808, 2 *vol. in-fol. fig. cart. Pap. Vélin.*

699. Introduction à l'Étude des Vases antiques appelés étrusques, par M. Dubois Maisonneuve. *Paris*, 1817, 15 *livr. gr. in-fol. fig. Pap. Vél.*

600. Peintures antiques et Inédits de Vases grecs, par Millingen. *Rome*, 1813, *gr. in-fol.*, *avec* 60 *pl. cart. Pap. Vélin.*

Médailles, Pierres gravées, Monumens et Musée.

601. Spectacle historique, gravé d'après les médailles par Godefroy. *Paris,* 3 *cah. in-fol. fig. br.*

602. Galerie métallique des grands hommes français, collection de 120 médailles, par Normand fils. *Paris,* 1825, *liv.* 1 *et* 2, *in-4. fig. br.*

603. Description des principales pierres gravées, du Cabinet du duc d'Orléans, par Delachau et Leblond. *Paris,* 1780, 2 *vol. in-fol., fig. cart. Grand Papier.*

604. Les Ruines de Pompéi, par M. Mazois. *Paris,* 1812, *liv.* 1 *à* 19. *in-fol. atlant. fig. br.*

605. Pompeiana; the topography, Edifices and Ornaments of Pompeia, by Gell and Gaudy. *London,* 1821, *gr. in-8. Pap. Vél. fig. et vignettes antiques. maroq. rel. angl. non coupé.*

606. Colonna Trajana disegnata et intagliata da P. Santi-Bartoli. *In Roma, in-fol. obl. fig.*

607. Vestigia delle Terme di Tito et loro interne pitture, incise da Marco Carloni. *In Roma, gr. in-fol. atlantico obl. dem. rel.* 61 *pl.*

608. Musée des Antiques, par M. Bouillon. *Paris, vol. in-fol. Les* 2 *premiers vol. cart., le troisième en liv. Pap. Vélin.*

609. Planches, Fragmens du Museo Pio Clementino. *Gr. in-fol.*

Histoire littéraire, Biographie ancienne et moderne, Iconographie et Dictionnaire historique.

610. Tableau abrégé de l'Antiquité littéraire, par Lanteires. *Lausanne,* 1791, *in-8. dem. rel.*

611. Élémens de l'Histoire de la Littérature française, jusqu'au milieu du xviie siècle, par A. de Charbonnières. *Paris,* 1818, *in-8. dem. rel.*

612. Histoire de la Littérature espagnole, trad. de

l'allem. de M. Bouterwek. *Paris*, 1812, 2 *vol. in*-8. *dem. rel.*

613. OEuvres de Brantôme. *Paris*, *Bastien*, 1787, 8 *vol. in*-8. *v. m.*

614. Histoire des Philosophes modernes, avec leur portrait, par Severin. *Paris*, 1760, 2 *vol. in*-4. *fig. v. m.*

615. Mémoires d'Henriette Wilson, concernant plusieurs grands personnages d'Angleterre. *Paris*, 1825, 6 *vol. in*-12. *Les* 4 *premiers dem. rel.*

616. Biographia dramatica containing historical and critical Memoirs and Anecdotes of British dramatic Writers, by Baker. *London*, 1812, 3 *tom. en* 4 *vol. in*-8. *dem. rel.*

617. Iconographie romaine, par Visconti. *Paris*, 1817, *tome* 1er *in*-4. *et atlas in-fol. cart.*

618. Galerie historique des Hommes les plus célèbres, avec leurs portaits, gravés par Landon. *Paris*, 1805, 12 *vol. in*-12. *fig. cart.*

619. Galerie française, ou Collection de Portraits des hommes et femmes qui ont illustré la France du XVIe au XVIIIe siècle. *Paris*, *Didot*, 1821, 3 *vol. in*-4. *pap. vél. cart.*, *et la* 15e *livr. du tom.* 3, *br.*

620. Les Portraits des Hommes illustres de la Galerie de Richelieu, par Valson de la Colombière. *Paris*, 1664, *gr. in-fol. fig. v. br.*, *mouillé.*

621. Galerie historique des Contemporains, ou nouvelle Biographie. *Bruxelles*, *Wahlen*, 1817, 8 *vol. in*-8., *cart.*

622. Napoléon et ses Contemporains, suite de gravures avec texte de M. Auguste de Chambure. *Paris*, 1824, 8 *livr. gr. in*-4. *br.*

623. Dictionnaire historique, par Chaudon. *Caen*, 1789, 9 *vol. in*-8. *bas.*

DE L'IMPRIMERIE DE CRAPELET,
Rue de Vaugirard, n° 9.

www.ingramcontent.com/pod-product-compliance
Ingram Content Group UK Ltd.
Pitfield, Milton Keynes, MK11 3LW, UK
UKHW021146230726
13926UKWH00002B/964

9 782014 466829